# CATEQUESE E CATEQUISTAS

## DESAFIOS, OPORTUNIDADES E PERSPECTIVAS

IRMÃO NERY, FSC

# CATEQUESE E CATEQUISTAS

## DESAFIOS, OPORTUNIDADES E PERSPECTIVAS

EDITORA
SANTUÁRIO

**Dados Internacionais de Catalogação na Publicação (CIP) de acordo com ISBD**

N456c Nery

Catequese e catequistas: desafios, oportunidades, perspectivas/Nery. – Aparecida: Editora Santuário, 2023.
80 p.; 13,7cm x 21cm.

Inclui índice e bibliografia.
ISBN: 978-65-5527-323-6

1. Religião. 2. Cristianismo. 3. Igreja. 4. Catequese. I. Título.

2023-1112 CDD 240
CDU 24

**Elaborado por Odilio Hilario Moreira Junior – CRB-8/9949**

**Índice para catálogo sistemático**
1. Religião: Cristianismo 240
2. Religião: Cristianismo 24

1ª impressão



Rua Pe. Claro Monteiro, 342 – 12570-045 – Aparecida-SP
Tel.: 12 3104-2000 – Televendas: 0800 - 0 16 00 04
www.editorasantuario.com.br
vendas@editorasantuario.com.br

# Sumário

# Apresentação

Ao ousar escrever este breve subsídio de apoio, faço-o em homenagem a vocês, queridas e queridos catequistas do Brasil, pois com vocês partilho da mesma vocação e missão. Peço emprestado ao apóstolo São Paulo um de seus textos, que tenho muito em meu coração:

> *Dou graças a Deus todas as vezes que me lembro de vocês. Em minhas orações rezo por todos, com alegria, porque participam do anúncio do Evangelho, desde o primeiro dia até agora. Tenho certeza de que Deus, que começou em vocês esse bom trabalho, vai continuá-lo até que seja concluído, no dia de Nosso Senhor Jesus Cristo. É justo que eu pense assim de todos, porque vocês estão em meu coração, pois participam comigo da graça que recebi (...). Deus é testemunha de que eu quero bem a todos vocês com a ternura de Jesus Cristo.* (cf. Fl 1,3-8).

A Deus bendigo por ter-me chamado, desde jovem, ao ministério de catequista e me privilegiado com tantas e tantas oportunidades de ser um permanente e persistente aprendiz e servidor da Palavra de Deus. A ele agradeço os muitos dons, entre os quais, o da comunicação e da escrita. Percorri o Brasil todo e outros países por causa da Catequese e já tenho 80 livros publicados.

Deus me privilegiou com a missão de Assessor Nacional para a Catequese, de 1983 a 1986, a partir da sede da Conferência Nacional dos Bispos do Brasil (CNBB), em Brasília, DF. Coube-me, e ao saudoso Frei Bernardo Cansi, dinamizar a operacionalização do Documento 26, *Catequese Renovada, Orientações e Conteúdo*, aprovado pelos bispos na 21ª Assembleia deles, na Vila Kostka, hoje Mosteiro Itaici,[1] em Indaiatuba, SP, em 15 de abril de 1983. Entrei por um caminho, graças a Deus sem retorno, o que me faz e me fez muito feliz.

Minha gratidão a todas as pessoas e instituições, que me ensinaram, me ajudaram a enfrentar os desafios que encontrei e a aproveitar as oportunidades, mas especialmente me estimularam a bem viver minha vocação e missão de Catequista. Gratidão eterna a meus pais, manos e manas, ao Instituto dos Irmãos das Escolas Cristãs (lassalista),[2] do qual sou membro, à CNBB, à Sociedade de Catequetas

---

1 Vila Kostka é uma grande casa em Indaiatuba, SP, que se desenvolveu a partir da sede da antiga Fazenda Taipas. Em 1950 os Jesuítas ali estabeleceram um Centro Formativo para jovens que haviam decidido ser membros da Companhia de Jesus. Posteriormente passou a ser um Centro de Espiritualidade Inaciana que foi sediando retiros, assembleias, congressos e encontros pastorais. Essa casa costuma ser chamada de Itaici por estar no bairro homônimo. Recentemente, adotou a denominação de Mosteiro Itaici.

2 Tal Instituto foi fundado por São João Batista de La Salle (1651-1719), em Reims, França, em 1680. Além de ter sido canonizado pelo Papa Leão XIII, em 1900, La Salle foi declarado, pelo Papa Pio XII, em 1950, Patrono Celeste de todos os Educadores. Atualmente o Instituto está em 80 países e os Religiosos Irmãos Educadores Lassalistas animam a Rede Internacional La Salle de Educação Cristã.

Latino-americanos (SCALA) e à Sociedade Brasileira de Catequetas (SBCat) bem como a cada catequista. Todos alimentaram e alimentam em mim a paixão pela Catequese Renovada.

Retomo a temática *vocação e missão de Catequista*, levando em conta os preciosos ensinamentos do Concílio Vaticano II, dos Papas do pós-concílio e da nossa Igreja no Brasil e na América Latina. Não poderei fazer isso sem uma visão crítica positiva da realidade histórica, social e eclesial, na qual nos cabe viver e atuar, destacando alguns desafios, algumas oportunidades e perspectivas para a catequese, mas especialmente para nossa fé em ação. Deus abençoe cada uma e cada um de vocês. Obrigado por ler este subsídio em clima de oração, pois, segundo o livro Atos dos Apóstolos (At 17,28), *em Deus vivemos e nos movemos e existimos"*.

Deus é a fonte e razão de ser da nossa vida. É ele quem nos possibilita mover-nos, agir, amar. Ele nos dá o sentido verdadeiro da vida e sustenta, a cada instante, o nosso viver. Existimos para a glória de Deus, somos consagrados a Ele, Pai e Filho e Espírito Santo, desde o Batismo, e nossa vocação-missão é cumprir sua santa vontade e com ele cooperar em seu Plano Salvífico tanto para os seres humanos, como para toda a criação.

Maria do SIM a Deus, nos ajude, a seu exemplo, a acolhermos o Espírito Santo e, segundo a sua orientação, a sempre fazermos o que o Filho de Deus e dela nos solicita.

*Irmão Israel José Nery, fsc*
São Paulo, SP – 2023

CAPÍTULO 1

# O que Deus quer de mim?

Deus-amor (cf. 1Jo 4,8)[1], riquíssimo em misericórdia (cf. Ef 2,4)[2], por sua total liberdade e gratuidade nos dotou com o precioso dom da fé. Circunstâncias providenciais nos possibilitaram nascer, crescer e perseverar no seguimento de Jesus Cristo, inseridos em sua Comunidade – a Igreja –, e dispostos a fazer o bem, não importa a quem, mas particularmente aos mais necessitados.

Cabe-nos viver em contínua ação de graças por tamanho amor de Deus para conosco e, ao mesmo tempo, em clima de permanente conversão pessoal, comunitária, social, e em entrega, cada vez mais generosa, a Deus, por Jesus Cristo, no impulso amoroso do Espírito Santo. Por mais que vivamos nossa fé, somos frágeis, imperfeitos, históricos, pecadores. Estamos em

---

1 *1Jo 4,7-11: Caríssimos, amemo-nos uns aos outros, porque o amor vem de Deus, e quem ama é nascido de Deus e conhece a Deus. Aquele que não ama não conhece a Deus, porque Deus é amor.*

2 *Ef 2,4: No entanto, Deus, que é rico em misericórdia, por meio do grande amor com que nos amou, deu-nos vida com Cristo, estando nós ainda mortos em nossos pecados, portanto, pela graça sois salvos!*

processo contínuo de construção de nós mesmos e, para isso, contamos com a ajuda do próprio Deus e de muitas pessoas e oportunidades ao longo de nossa vida.

Mas é sempre necessário voltar ao sentido mais lídimo de fé e de amor. Hoje, neste instante, Deus nos desafia e nos dá a oportunidade de um importante passo na fé e no amor. Segundo as Sagradas Escrituras, nossa fé e nosso amor têm fundamentalmente duas vertentes: Deus e o próximo. Para isso, ajuda-nos muito o evangelista São João:

> *Nisto se manifestou o amor de Deus para conosco: em nos ter enviado ao mundo o seu Filho único, para que vivamos por ele. Nisto consiste o amor: não em termos nós amado a Deus, mas em ter-nos ele amado e enviado o seu Filho para expiar os nossos pecados. Caríssimos, se Deus assim nos amou, também nós nos devemos amar uns aos outros.*
>
> *Ninguém jamais viu a Deus. Se nos amarmos mutuamente, Deus permanece em nós e o seu amor em nós é perfeito. Nisso é que conhecemos que estamos nele e ele em nós, por ele nos ter dado o seu Espírito. E nós vimos e testemunhamos que o Pai enviou seu Filho como Salvador do mundo. Todo aquele que proclama que Jesus é o Filho de Deus, Deus permanece nele e ele em Deus. Nós conhecemos e cremos no amor que Deus tem para conosco. Deus é amor, e quem permanece no amor permanece em Deus e Deus nele. Nisto é perfeito em nós o amor: que tenhamos confiança no dia do julgamento, pois, como ele é, assim também nós o somos neste mundo. No amor não há temor. Antes, o perfeito amor lança fora o temor, porque o temor envolve castigo, e quem teme não é perfeito no amor. Amamos, porque Deus nos amou primeiro.*

No livro do Deuteronômio 6,4-19, está a maior proposta de Deus, para que sejamos felizes: Amar.

*Escuta, Israel, o Senhor é o nosso único Deus. Portanto, ame o Senhor, teu Deus, com todo o teu coração, com toda a tua alma e com todas as tuas forças. Que os mandamentos que hoje te dou estejam sempre na tua memória. Tu os ensinarás a teus filhos e deles falarás sempre, tanto sentado em tua casa, como estando de pé e andando. Tu os amarrarás, como sinal, em teu braço e como faixa entre teus olhos e os escreverás nos batentes da tua casa e nos portões da cidade.*

Converter-nos todos os dias, um pouco mais, ao amor a Deus nos renova a graça da filiação divina, que muda por completo nosso relacionamento com ele, ou seja, sem medo e sem manipulação, com espontaneidade e filial confiança, entrega amorosa e disponibilidade. Mas Deus se apressa em coroar esta nossa busca de felicidade, revelando-nos que não existe amor a ele, sem o amor aos outros. Só seremos felizes se fizermos os outros felizes e cuidarmos carinhosamente da sua obra maravilhosa, o planeta Terra, nossa Casa Comum. E o mesmo evangelista São João, em sua Primeira Carta (1Jo 4,19-21), nos diz tudo isso, de modo perfeito:

*Mas, se alguém disser: "Amo a Deus", mas não ama, odeia seu irmão, é mentiroso. Porque aquele que não ama seu irmão, a quem vê, é incapaz de amar a Deus, a quem não vê. Temos, portanto, este mandamento de Deus: quem amar a Deus, ame também a seu irmão.*

Já no Antigo Testamento, o próprio Deus, em Levítico 19,1-2, ao propor-nos vivermos em santidade, se coloca como modelo e motivação:

*Sede santos, porque eu, o Senhor vosso Deus, sou Santo.*

Em seguida, nos versículos 17 e 18, Levítico resume, no amor ao próximo, as caraterísticas da vida santa que devemos viver:

> *Não tenhas ódio contra teu irmão. Não vingues e nem guardes rancor. Amarás o teu próximo como a ti mesmo. Eu sou o Senhor!*

Acolhamos o ensinamento de São Tiago, outro apóstolo de Jesus que, ao falar do amor o associa à fé. Ele é direto, severo, muito duro. Eis o que nos ensina, em sua Carta, no capítulo 2, versículos 14-16:

> *De que adianta, meus irmãos, alguém dizer que tem fé, se não tem obras? Acaso a fé pode salvá-lo? Se um irmão ou irmã estiver necessitando de roupas e do alimento de cada dia e um de vocês lhe disser: "Vá em paz, aqueça-se e alimente-se até satisfazer-se", sem porém, lhe dar nada? De que adianta isso? Assim também a fé, por si só, se não for acompanhada de obras, está morta.*

Notemos que São Tiago explicita claramente que o amor ao próximo, preferentemente ao próximo necessitado, é condição indispensável para validar a fé. E, novamente, o evangelista São João, em sua Primeira Carta, no capítulo 3,16-18, insiste conosco para que nos convertamos de nosso modo de compreender e viver fé e amor:

> *Se alguém possui bens neste mundo e, vendo o irmão em necessidade lhe fechar o seu coração, como permanecerá nele o amor de Deus? Meus filhos, não amemos com palavras e discursos, mas com ações e com verdade.*

Nunca nos esqueçamos, porém, de que o próprio Filho de Deus, Jesus Cristo, sendo Deus, mas tendo vivido a experiência humana, enriquece ainda mais o mandamento do Pai, ao se colocar como a referência máxima do amor que deve ser o sinal maior de adesão a ele e o projeto do Pai. Eis o que o evangelista João registrou:

> *Eu vos dou um novo mandamento: Amai-vos uns aos outros como eu vos tenho amado. Nisto todos saberão que vós sois meus discípulos: se vos amardes uns aos outros como eu vos tenho amado* (Jo 13,34-35).

Por sua vez, em sua narrativa sobre os acontecimentos finais da vida de cada um de nós e de toda a humanidade, Mateus 25,31-46 nos transmite a denominada "Parábola do Juízo Final". Num grande cenário de julgamento, o próprio Jesus Cristo sentado num trono tem a humanidade, em dois grandes grupos, ali aguardando a sentença. Ao rejeitar por completo um dos grupos, ele diz de modo resumido, lacônico e forte, o motivo. Todos lhe haviam fechado o coração e nunca o ajudaram em suas necessidades básicas: fome, sede, nudez, enfermidade, doença, prisão, moradia... E os condenados reagem, dizendo que não o ajudaram simplesmente porque nunca o haviam encontrado em tais necessidades. Jesus, então, conclui a sentença dizendo:

> *Afastai-vos de mim, malditos, pois foram rejeitados por meu Pai. Todas as vezes que isso não fizestes a meus irmãos mais necessitados, foi diretamente a mim que não o fizestes!*

Ao outro grupo, Jesus, depois de revelar, que todos ali o haviam ajudado na pessoa do próximo necessitado, finaliza:

> *Vinde, benditos de meu Pai. Recebei a recompensa reservada para vós. Todas as vezes que isso fizestes a meus irmãos mais necessitados, foi diretamente a mim que o fizestes!*

– O que Deus quer de mim?

Apenas amar. E amar do jeito que Jesus nos amou e nos ensinou a amar.

CAPÍTULO 2

# Deus me escolheu

Deus nos concedeu a graça especial de sermos ministros(as) servidores(as) da Palavra de Deus e educadores(as) dos irmãos e irmãs, na vocação e missão de serem gente e, particularmente, discípulos(as) missionários(as) de Jesus Cristo e membros da Igreja. Como consequência, ele nos envia, e a eles e elas, para fazermos o bem, de modo especial, aos mais necessitados e à nossa Casa Comum, o Planeta Terra.

Ao longo de meus anos de entrega, cada vez maior, à minha vocação e missão de Catequista, aprendi que, efetivamente, quem educa o discipulado missionário de Jesus Cristo é o Espírito Santo. Portanto, sou mediador dele junto aos catequizandos, à Igreja comunidade que evangeliza, celebra e catequiza e, também, junto à sociedade, mormente por meu testemunho do amor absolutamente gratuito e misericordioso de Deus por nós.

Com a riqueza desta preciosa descoberta, fui aprendendo que, por mais frágil, inacabado, pecador que eu seja, o *Anúncio da Boa Nova* – que é Jesus Cristo pessoa, mensagem e missão –, e a *realização da Catequese* – o processo educativo que leva à adesão pessoal a ele –, dependem, também, e profundamente da pessoa do Catequista. É algo parecido com rádio, televisão, internet... Quanto melhor em qualidade for a mediação desses canais e instrumentos, mais nítida e direta é a transmissão da imagem, do som, da mensagem.

A catequese – que em grego é a junção de dois termos: *katá + echkéo,* e que expresa "fazer ecoar e reverberar o que vem do alto com força" – só pode acontecer se o(a) catequista vive, sente, vibra e irradia o que crê, ama e espera. Ela resulta do que transborda da vida do(a) próprio(a) catequista, do seu amor apaixonante por Deus e por seu Reino. Ele é mediador, instrumento, canal da graça. Seu conhecimento, sua cultura, suas experiências estão embebidos de Deus, de sua santa Palavra, do dinamismo amoroso do Espírito Santo e do fato de o próprio catequista ser Igreja. Com o tempo, essa intensa intimidade com Deus faz do catequista portador do próprio Deus e, ao mesmo tempo, o torna, ele mesmo, um presente de Deus aos outros. O apóstolo São Paulo conseguiu, de modo privilegiado, resumir tudo isso em poucas e densas palavras:

> *Já não sou eu quem vive. É Cristo que vive em mim* (Gl 2,20-21); *O meu viver é Cristo* (Fl 1,21). *Contudo, quando anuncio o evangelho, não posso me orgulhar disso, porque é uma necessidade irresistível que tenho, como algo imposto, de pregar. Ai de mim se não anunciar o evangelho! (1Cor 9,16).*

E a tal ponto essa sua convicção era verdadeira no seu dia a dia, no seu conviver com as pessoas, nas suas viagens por causa da missão de anunciar Jesus Cristo, no tempos em que estava encarcerado e no seu modo de escrever suas cartas às Comunidades, que ao lê-las hoje, como sempre o foi ao longo de séculos, é ele mesmo, Paulo, o apaixonado por Jesus Cristo, que está ali comunicando, com todo o seu ser, a paixão que o habita.

O Papa Francisco, desde o começo de seu pontificado, tem valorizado, cada vez mais, a pessoa, a vocação e a missão do catequista. Eis algumas importantes frases dele, que precisam ser levadas em conta sempre:

> *Sois o sinal da responsabilidade da Igreja perante tantas pessoas: crianças, jovens e adultos que pedem para percorrer um caminho de fé. A catequese não pode ser como uma hora de escola, mas é uma experiência viva de fé. O Senhor nos chama a todos para fazer ressoar o seu Evangelho no coração de cada pessoa. Para isso o encontro pessoal que temos com cada pessoa é decisivo. Só o encontro interpessoal abre o coração para receber o primeiro anúncio e desejar crescer na vida cristã como o próprio dinamismo da catequese permite realizar.*
>
> *Nunca vos esqueçais que o objetivo da catequese – que é uma etapa privilegiada da evangelização –, é ir ao encontro de Jesus Cristo e permitir que Ele cresça em nós. Há uma passagem do Catecismo* que considero importante recomendar-vos em mérito ao vosso ser "Testemunhas da vida nova". Diz: "Quando cremos em Jesus Cristo, comungamos nos seus mistérios e guardamos os seus mandamentos, o Salvador vem em pessoa amar em nós o seu Pai e os seus irmãos, o nosso Pai e os nossos irmãos. A sua pessoa torna-*se, graças ao Espírito, a regra viva e interior do nosso agir" (n. 2074).*
>
> *Um bom catequista deixa rasto; não apenas o rasto do que semeia, mas o rasto da pessoa que semeou. Desejo que os vossos jovens, as vossas crianças, os vossos adultos, aqueles que acompanhais na catequese, se lembrem sempre de vós perante*

*o Senhor como uma pessoa que semeou coisas boas e belas no coração.*[1]

Podemos aplicar a nós, catequistas, algumas mensagens do próprio Filho de Deus, nosso Salvador. Elas definem o que, evangelicamente, somos ante aqueles que o Pai, pelo seu Divino Espírito, nos confia:

> *Como o Pai me enviou assim também eu vos envio (Jo 29,21); Quem vos escuta, a mim escuta (Lc 10,6); Dai gratuitamente o que gratuitamente rececebestes (Mt 10,18).*

Minha longa vivência de catequista me leva a insistir no fato maravilhoso de que, vivendo convicta e fervorosamente a verdade do discipulado de Jesus Cristo, sentimos a força do Espírito Santo que nos impulsiona a buscar incansavelmente os melhores caminhos para fazer com que os catequizandos tenham e vivam o seu encontro pesssoal e intransferível com Jesus Cristo e celebrem com ele um compromiso de amor, fé e esperança.

Sou profundamente agradecido a Deus pelo bem que me fez a Exortação Apostólica do Papa São Paulo VI, a partir do Sínodo de 1974, sobre a Evangelização. Seus questionamentos na *Evangelii Nuntiandi* chegaram fundo em meu coração, em minha mente, em minha vida:

> *Haveria uma forma melhor de transmitir o Evangelho, do que a que consiste em comunicar a outrem a sua própria experiência de fé?*
>
> *De modo discreto ou com grandes brados, sempre porém com*

1 *Trechos da Mensagem do Papa Francisco aos participantes do III Congresso Internacional de Catequese, na Sala Paulo VI, no Vaticano, no dia 10 de setembro de 2022. Disponível em: https://www.vatican.va/content/francesco/pt/speeches/2022/september/documents/20220910-congresso-int-catechisti.html*

> *grande vigor, fazem-nos a pergunta: Acreditais verdadeiramente naquilo que anunciais? Viveis aquilo em que acreditais? Pregais verdadeiramente aquilo que viveis?*
> *Mais do que nunca, portanto, o testemunho da vida tornou-se uma condição essencial para a eficácia profunda da pregação. Sob este ângulo, somos, até certo ponto, responsáveis pela eficácia real da nova evangelização.* É preciso que o nosso zelo evangelizador brote de uma verdadeira santidade de vida. Sem esta marca de santidade, dificilmente a nossa palavra fará a sua caminhada até atingir o coração d*as pessoas dos nossos tempos; ela corre o risco de permanecer vã e infecunda.*[2]

É oportuno aqui uma parada para algumas atitudes interiores e alguns questionamentos pessoais:

– *Renovo a minha fé e a minha gratidão quanto à minha vocação e missão de catequista?*

– *Entrego-me, com nova consciência e intensidade, ao Espírito Santo, pois é ele quem evangeliza e catequiza por minha mediação?*

– *Suplico ao Pai, por Jesus, no amor do Espírito Santo, conversão e santidade, pois sei que a catequese depende de mim, do minha convicção, do meu testemunho?*

2 PAULO VI. *Evangelii Nuntiandi (Sobre a Evangelização no mundo contemporâneo)*, n. 46 e 76. Vaticano, 08 de dezembro de 1975. São Paulo: Paulinas, 1976. Col. Voz do Papa , n. 85.

Capítulo 3

# Deus me enviou

Por muito tempo dediquei-me à denominada catequese sacramental ou de preparação aos *Sacramentos da Iniciação Cristã* (Batismo, Confirmação, Eucaristia) que, na verdade, era e é em preparação à Primeira Eucaristia e, depois, à Confirmação. Aliás, esta era, e continua sendo, a principal forma de se realizar a catequese nas Paróquias e Dioceses. Publiquei subsídios catequéticos para este estilo de catequese e que tiveram grande acolhida.

Mas, a graça de Deus me fez perceber, aos poucos, novos caminhos para a catequese, à luz da proposta de renovação da Igreja, por meio da lenta acolhida, no Brasil, do espírito e dos documentos do Concílio Vaticano II (1962-1965), dos documentos da Igreja na América Latina[1] e, ao mesmo tempo, das grandes mudanças do

1 CELAM. *A Igreja na atual transformação da América Latina à luz do Concílio Vaticano II – Documento de Medellín*, Bogotá, Colômbia, 1968; CELAM: *Evangelização no presente e no futuro da América Latina* – Documento de Puebla, Bogotá, 1979; CELAM: *Nova evangelização, promoção humana e cultura cristã – Jesus Cristo, ontem, hoje e sempre*, Documento de Santo Domingo, Bogotá, 1992.

mundo. Foi para mim um forte impacto tomar consciência da urgente necessidade da evangelização, mais que da sacramentalização no contexto de imensas mudanças nas quais estamos mergulhados.

Não foi fácil, e ainda não o é, reconhecer que aquela época da cristandade, isto é, a de todo mundo ou da maioria absoluta das pessoas no Brasil serem católicas, já não mais existia, nem mais existe. Coerentemente, era e é urgente reconhecer que o catolicismo de família, de sociedade, de tradição estava e continua em desmoronamento. O abismo entre fé e vida se tornava e se torna cada vez mais largo e fundo. E aconteceu que uma profusão de ofertas de diferentes grupos, autodenominando-se "igrejas cristãs", encontrou entre os católicos uma quantidade enorme de pessoas não convertidas, ignorantes da Palavra de Deus, sem convicções sólidas e, muitas, disponíveis e em busca religiosa. Enquanto as paróquias tinham seus fiéis em constante diminuição numérica e, cada vez mais, com menos jovens e crianças, as referidas "igrejas cristãs" cresciam e se expandiam, priorizando a conversão de adultos e de jovens...

Além disso, numa sociedade plural, com a liberdade pessoal supervalorizada, com a ruína dos valores humanísticos e dos valores provenientes do Evangelho e da vida de fé, nem todas as lideranças católicas, dioceses e paróquias, viam a urgência de oportunizar a todos os católicos um processo de conversão em vista de uma opção de fé pessoal livre, consciente, esclarecida, generosa e coerente.

Neste contexto, fui percebendo que, além da *iniciação cristã*, que tradicionalmente tem como objetivo a recepção dos Sacramentos da Iniciação Cristã (Batismo, Confirmação e Eucaristia, mas com pouca atenção ao Batismo), é fundamental realizar a *Iniciação à Vida Cristã*, isto é, à adesão pessoal a Jesus Cristo e, também, a formação continuada do discípulo missionário dele.

Com alegria e gratidão, percebi a necessidade imprescindível do "anúncio primeiro" (do *Kerigma*), que oferece a oportunidade do encontro pessoal e comunitário com Jesus pessoa, mensagem e missão, assim como de um crescente conhecimento dele e do que vem dele e, de modo especial, da acolhida dele com a entrega plena de mim mesmo a ele. Fui me convencendo de que o seguimento de Jesus Cristo é inseparável do amor ao próximo, particularmente, aos mais necessitados, mas amor que liberta, promove e ajuda no engajamento pela solidariedade, pela justiça social, pela salvaguarda do Planeta Terra.

Isso me levou à opção pela "catequese com adultos". E não posso deixar de agradecer a Deus e à Igreja por um parágrafo-chave do Documento 26 da CNBB, de 1983, *Catequese Renovada, Orientações e Conteúdo*, que direcionou decisivamente minha vocação e missão de catequista:

> *É na direção dos adultos que a evangelização e a catequese devem orientar seus melhores agentes. São os adultos os que assumem mais diretamente, na sociedade e na Igreja, as instâncias decisórias e mais favorecem ou dificultam a vida comunitária, a justiça e a fraternidade.*
>
> *Urge que os adultos façam uma opção mais decisiva e coerente pelo Senhor e sua causa, ultrapassando a fé individualista, intimista e desencarnada. Os adultos, num processo de aprofundamento e vivência da fé em comunidade, criarão, sem dúvida, fundamentais condições para a educação da fé das crianças e jovens, na família, na escola, nos Meios de Comunicação Social e na própria comunidade eclesial.*

Esta importante decisão da Igreja no Brasil se apoia no que, em 1971, o *Diretório Catequético Geral*, recomendava, em seus números 20, 92 a 97: (CONFERIR COM AUTOR ESTA CITAÇÃO)

> *A catequese das crianças depende, mais que nunca, da fé dos adultos. Por isso a catequese de adultos é a forma plena da catequese. As outras formas dependem dela. E o testemunho da Comunidade adulta é fonte e fim da catequese.*

E esta minha opção pelos adultos teve um feliz impulso quando voltei a estudar, com outro olhar, o que já conhecia, isto é, os anos dourados da catequese nos primeiros cinco séculos da Igreja, nos quais o denominado *Catecumenato ou Itinerário catecumenal* realizou um fundamental serviço evangelizador e catequético dos adultos. E foi o *Ritual de Iniciação Cristã de Adultos* (RICA)[2] que me motivou a um mergulho no itinerário catecumenal da catequese com adultos. Com isso, voltei aos Documentos do Concílio Vaticano II e deparei com a seguinte recomendação sobre o Catecumenato, no Documento *Sacrossanctum Concilium*, de 1963, sobre a Liturgia, no número 64:

> *Restaure-se o Catecumenato de Adultos, dividido em diversas etapas, introduzindo o uso de acordo com o parecer do Ordinário do lugar.*

Em outros documentos, o Concílio foi tratando do mesmo tema, como, o Decreto *Ad Gentes*, sobre a atividade missionária da Igreja, em seu número 14:

> *A iniciação cristã no Catecumenato não é apenas tarefa dos catequistas e sacerdotes, mas de toda a comunidade dos fiéis, de*

2 CONGREGAÇÃO PARA O CULTO DIVINO. *Ritual de Iniciação de adultos – RICA*. São Paulo: Paulus, 2001

*modo especial, dos padrinhos. Realizem-na de tal sorte que os catecúmenos, desde o início, se sintam integrados no Povo de Deus. Uma vez que a vida da Igreja é apostólica, aprendam também os catecúmenos, pelo testemunho da vida e pela profissão da fé, a cooperar ativamente na evangelização e edificação da Igreja...*

A história revela que, nos começos do cristianismo, somente adultos podiam ser cristãos. Eram tempos de perseguição aos cristãos e havia necessidade de muito cuidado para evitar denúncia e traição. Por isso, cada interessado devia ser apresentado à Comunidade por um cristão, denominado *Introdutor*, que por ele se responsabilizava. Após um necessário tempo para o *Kerigma* (vivência do processo de conversão a Jesus Cristo), o candidato percorria o longo tempo do *Catecumenato* propriamente dito ou catequese. Ele já passava a ser membro da Igreja como catecúmeno, termo grego, derivado da palavra catequese, para designar alguém interessado e desejoso de ser cristão e fazer parte da Igreja missionária. E o grupo de catecúmenos passava a seguir, então, um processo de iniciação, de forte cunho pessoal e comunitário, marcado pela meditação da Palavra de Deus e do conhecimento, de modo vivencial, sobre Jesus Cristo, sua pessoa, sua mensagem, sua missão, visando aprofundar, ampliar e enriquecer o sim pessoal a ele, do modo o mais pleno possível. O termo *iniciação*, vem da língua latina, falada pelos Romanos: "*initiatio*". O "*in*" expressa entrada em um caminho, por iniciativa pessoal; "*actio*" expressa ação de caminhar.

O processo de iniciação de um grupo de catecúmenos recebeu a denominação de *Catecumenato*, isto é, um período, bastante longo, de formação dos fiéis em preparação ao passo existencial fundamental e oficial, a aceitação plena de Jesus Cristo, da Igreja e o assumir de um compromisso de vida com eles. Tal passo existencial consistia no "Batismo", uma celebração que incluía declarar, em voz alta, diante da Comunidade de cristãos, o sim à Santíssima Trindade e, em seguida, vivenciar o rito do mergulho na piscina (simbolizando a morte ao passado e o início de uma vida nova, de pertencimento a Deus Pai e Filho e Espírito Santo e à Igreja (cf. Rm 6,3-10). Recordemos que o termo "batismo" é da língua grega e significa literalmente mergulho, imersão.

Atualmente, o processo de iniciação, denominado Catecumenato, tem sido utilizado na Igreja Católica para designar uma forma de catequese contínua, que não se encerra com o recebimento de cada sacramento, mas perpassa todo o processo de iniciação cristã, tendo como objetivo *iniciar na vida cristã*, como vida pessoal, comunitária e social, segundo Jesus Cristo...

Capítulo 4

# Evangelizar sempre

O Catecumenato ou Itinerário Catecumental, que nos primeiros séculos da Igreja se tornou referência obrigatória para o processo evangelizador e catequético, me levou a conhecê-lo um pouco mais e a tirar lições para minha vida e para a situação atual da Igreja. Aos poucos o Itinerário Catecumental foi sendo enriquecido, aperfeiçoado, chegando a ser realizado em quatro "tempos", que estão interligados pelas "etapas", que envolvem ritos celebrativos apropriados.

São eles: o *tempo do Kerigma*, também conhecido como pré-catecumenato; *o do Catecumenato* propriamente dito ou da catequese; *o tempo da Purificação e da Iluminação*, o da iniciação aos sacramentos e a preparação e celebração do Mistério Pascal; o tempo da *Mistagogia* ou vivência da união constante e transformadora com a Santíssima Trindade, o que leva ao compromisso com o Reino de Deus, a partir da Comunidade Eclesial missionária.[1]

---

1 Cf. RICA, (p. 19): *São, portanto, quatro os tempos sucessivos: o do "pré-catecumenato", caracterizado pela primeira*

Por sua vez, as "etapas" correspondem às celebrações que marcam a passagem de um tempo para outro. São elas: o rito da *admissão ao Catecumenato*; o rito da *eleição;* e, como sinal maior do percurso catecumenal, *a celebração dos sacramentos* da iniciação à vida cristã, como ponto alto de todo o processo. Durante os tempos, ocorrem também celebrações menores, como a inscrição dos nomes, as entregas, os exorcismos, as bênçãos, as unções etc.[2] Explicitemos um pouco mais esses "tempos" e "etapas":

> *Quanto ao Kerigma (Querigma). Tratava-se, nos começos da Igreja, de um tempo dedicado ao anúncio de Jesus Cristo para que a pessoa amadurecesse o desejo de aceitá-lo, segui-lo e chegasse à culminância do processo iniciático, isto é, à opção livre, consciente, esclarecida, generosa e coerente por ele.*

Estudar o significado grego do termo Kerigma na cultura grega foi, para mim, algo transformador e espero que a breve explicação a seguir seja de grande ajuda. Os cristãos, inicialmente marcados pelo judaísmo, pois Jesus e os Apóstolos eram judeus, tiveram de se adaptar à cultura grega e latina, que passava a predominar nos lugares onde surgiam convertidos e comunidades eclesiais. Tiveram de assumir e ressignificar palavras e expressões latinas e gregas para tentar comunicar o que era dito em aramaico e segundo a cultura religiosa dos judeus. Foi o que aconteceu, por exemplo, com três termos gregos *Kerux, Kerigma* e *ekklesía.* Fiquei deveras muito contente quanto descobri isso.

---

*evangelização; o do "catecumenato", destinado à catequese completa; o da "purificação e iluminação", destinado a mais intensa preparação espiritual; o da "mistagogia", assinalada pela nova experiência dos sacramentos e da comunidade.* Cf. *Ritual de Iniciação de adultos – RICA*. São Paulo: Paulus, 2001

2 ALMEIDA, A. J. de. *Abc da iniciação cristã*. São Paulo: Paulinas, 2013, p. 27;

*Kerux* era, naquela época, um termo usado para denominar um cavaleiro, com roupas especiais e um canudo para ampliar a sua voz. Ele passava pelas ruas e praças convocando para uma grande reunião ou assembleia (em grego *ekklesía*) na praça. Era, portanto um arauto, convocador, pregador, proclamador, anunciador. Suas roupas expressavam autoridade e as pessoas tinham de escutá-lo e obedecer-lhe. E ele informava quem iria falar para todos na Assembleia (governador, prefeito, general etc.) e motivava a todos a comparecer.

Na praça, na hora marcada, o povo se juntava, voltado para um tablado elevado, onde a autoridade anunciada esperava para falar. Formava-se, então, a grande assembleia congregada (*ekklesía*) para ouvir a nova mensagem. Tal autoridade, porém, era um outro *Kerux* muito especial, pois tinha o conteúdo a transmitir, comunicar, ou seja, o *Kerigma*. Naquela época não havia sistema de som, como hoje, e providenciavam-se vários *Kerux* secundários (repetidores, anunciadores, arautos, comunicadores), distribuídos em lugares estratégicos. Eles repetiam e iam transmitindo o que a autoridade falava. E o que era transmitido denominava-se, na época, *Kerigma,* o conteúdo, a mensagem, o recado, as orientações e, em certas ocasiões evangelho (*euangelion*), isto é "*eu*=bom, boa" e "*anguelía, anguelón, anguelím* = notícia, mensagem, mensageiro", isto é, mensagem nova, boa mensagem, boa notícia, boa nova...

O outro vocábulo adotado pelos cristãos foi *ekklesía* (em grego) – *ecclésia* (em latim), que em português se traduz por *Igreja* e que passou a designar "a assembleia de Deus" (*ekklesía tou Theou*), a "assembleia dos seguidores de Jesus Cristo, os cristãos congregados". Traduzia o que em hebraico é *Qahal YAHWEH – Qahal Adonai* (assembleia do Senhor)[3]. E o termo *Kerux* foi aplicado à pessoa que convocava, anunciava, comunicava e, também, à autoridade especial que falava a todos na grande assembleia, transmitindo a mensagem. E, por sua vez, *Kerigma* designava a mensagem cristã, os ensinamentos de Jesus, a Palavra de Deus na Bíblia, mas prioritariamente, *o próprio Jesus Cristo*, a Boa Nova (o Evangelho em pessoa), a maior e melhor notícia da história.

E foi assim que os não cristãos, interessados em seguir Jesus, primeiramente eram congregados para escutar o arauto, anunciador (o *Kerux*) que lhes transmitia, anunciava o conteúdo mais importante, o próprio Jesus Cristo (o *Kerigma*), para que aqueles interessados em segui-lo, pudessem acolhê-lo, a ele se entregarem e passarem a fazer parte da Igreja, a Assembleia dele.

O *Kerux* cristão, anunciador, era muito, mas muito mais que um professor, pois a eficácia do que comunicava dependia não apenas dos conhecimentos que possuía, da riqueza em si da mensagem que transmitia e da sua metodologia, mas do modo como o fazia, isto é, com entusiasmo, convicção, fé viva, amor. Recordemos que o termo "entusiasmo" é formado por duas palavras gregas: *èn*, que significa cheio, e *theos*, Deus. O *Kerux* (anunciador cristão), portanto, tinha de estar, ele mesmo, "cheio de Deus" para poder comunicá-lo aos outros. Não havia distância entre fé e vida e havia entrega plena

---

3 A palavra hebraica *Qahal* provém de uma raiz semita que significa "convocação, grupo". *Adonai* significa Senhor, e sempre que aparece o nome de Deus YAHWEH, que não pode ser pronunciado, usava-se e usa-se Adonai. https://www.google.com/search?q=Qahal+Adonai&rlz=1C1GCEU_pt=-BRB1015RB1016R&oq=Qahal+Adonai&aqs-chrome..69i57j33i160l3.6683j0j15&sourceid=chrome&ie=UTF-8.

dele à ação do Espírito Santo, que atuava através dele, porque, segundo a nossa fé, quem efetivamente nos leva a Jesus é o Espírito Santo e é ele que traz para dentro de nós o Filho de Deus. E, então, o *Kerigma* (a mensagem, o conteúdo) ia e vai muito além de teoria, discurso, ensinamento. Era e é a própria pessoa de Jesus Cristo e o que dele vem.[4]

Hoje, cada vez mais, estamos convencidos da absoluta necessidade do assim denominado "primeiro anúncio", portanto, do *Kerigma*, isto é, do anunciar prioritariamente e acima de tudo *Jesus Cristo pessoa, mensagem e missão,* a Boa Nova por excelência. E confesso que me senti profundamente questionado e, também, questionei e questiono a todos nós, membros da Igreja. Quantos e quantos de nós, que fomos batizados, participamos da Eucaristia, lemos a Bíblia, rezamos, fazemos retiros, peregrinações... já demos, efetivamente, o nosso *sim pessoal*, livre, consciente, esclarecido, generoso e coerente a Jesus Cristo? Assumimos, de fato, ser Igreja e participar na tarefa de levar Jesus e sua mensagem, sobretudo com nosso modo de ser e agir, a mais pessoas, situações, grupos, ambientes?... Mas, sobretudo, ajudar Jesus Cristo, a estabelecer um mundo novo de fraternidade, solidariedade, justiça,

4 O Anúncio de Jesus Cristo, realizado por Pedro, no dia de Pentecostes é a referência clássica do *kerigma* ou primeiro anúncio. E aconteceu de tal modo que, no final, mais de três mil pessoas solicitaram o batismo (cf. At 2, 14-41). Cito aqui o 1° parágrafo da Homilia, nos 250 anos da Diocese de Coimbra, Portugal, em 21/10/2022: *A assembleia convocada e reunida, a* qahal Adonai, *constitui já em Israel a comunidade dos que acolhem Deus como o seu Criador e Senhor, revelado aos patriarcas e proclamado pelos profetas. O Novo Testamento e a Tradição Apostólica veem na* ekkesia tou theou, *na assembleia de Deus, homens e mulheres reunidos na fé em Deus, Santíssima Trindade, para a escuta da Palavra e a celebração da Eucaristia, a realização do Novo Povo de Deus, a Igreja. https://www.diocesedecoimbra.pt/diocese/bispo/homilias/te-deum-de-accao-de-gracas-nos-250-anos-da-se-nova-de-coimbra:2402.*

paz, de permanente cuidado com os mais necessitados e com a nossa Casa Comum?

Tornou-se evidência para mim que urge formar cristãos livres, conscientes, convictos, generosos e coerentes, nos novos tempos, em que a opção religiosa é uma escolha e não mais simplesmente tradição e imersão cultural. Desde o Concílio Vaticano II (1962-1965), todos os cristãos, em qualquer lugar e situação que se encontrem, são convidados a realizar ou renovar, com mais intensidade, o seu encontro pessoal com Jesus Cristo ou, pelo menos, a tomar a decisão de se deixar encontrar por ele, de procurá-lo dia a dia, sem cessar,[5] e aperfeiçoar-se nesta convivência pessoal e comunitária com ele, a seu serviço e do Plano da Salvação.

Tudo na Igreja precisa ter o cunho querigmático, isto é, da volta ao amor primeiro, ao encontro pessoal e intransferível, vivo e entusiasmante com Jesus Cristo e, por meio dele, no impulso amoroso do Espírito Santo, ao Pai!...

5 Cf. PAPA FRANCISCO. *Exortação Apostólica Evangelii Gaudium. A Alegria do Evangelho.* Sobre o anúncio do Evangelho no mundo atual. São Paulo: Paulus; Loyola, 2014, n. 3.

# Capítulo 5

# Rumo à maturidade cristã

> Como vimos, o "tempo inicial", no qual acontece o primeiro anúncio, tem a função de colocar o iniciante no caminho ou processo de conversão (sentido de iniciação), isto é, a aceitação e a adesão a Jesus Cristo, a inserção na comunidade eclesial e o assumir a missão, isto é, a estreita colaboração com Jesus. Somente depois deste indispensável processo *kerigmático* é que o "candidato a ser cristão" pode trilhar os passos ou "tempos" seguintes do Itinerário Catecumenal.

O candidato, após o discernimento ocorrido ao longo do *Kerigma,* e após comprovada a sua reta intenção, é acolhido pela Igreja para vivenciar o tempo seguinte, denominado *Catecumenato propriamente dito ou catequese.* Para isso, há uma importante celebração na Comunidade eclesial (que o RICA denomina de "Etapa") destinada à "admissão oficial" do candidato ao Catecumenato e à Igreja.

Tal celebração começa do lado de fora da igreja. Após a saudação de abertura, o Presidente da Celebração faz algumas perguntas aos candidatos e solicita que eles explicitem, em voz alta, a fé em Deus Pai e Filho e Espírito Santo. Em seguida o "Iniciador"[1] apresenta os candidatos. Quem preside conclama a todos os fiéis ao compromisso de ajudá-los na caminhada que estão começando a percorrer para serem cristãos. Ato seguinte, ele traça o sinal da Cruz nos ouvidos, nos olhos, na boca, no peito, no ombro de cada um dos candidatos, que são abraçados por todos, como sinal de acolhida. Finalmente, todos entram na igreja para a Celebração da Palavra, da qual os candidatos ao discipulado de Jesus podem participar. Antes da Celebração Eucarística, porém, eles recebem a bênção e se retiram. Permanecem somente os já batizados.

Esta Celebração ou "Etapa" marca a transição do tempo do *Kerigma* para o tempo do *Catecumenato* ou Catequese e os candidatos passam a ser denominados "catecúmenos", pois entram no processo, na caminhada para serem reconhecidamente discípulos de Jesus Cristo, membros da Igreja e missionários no coração do mundo. Tal tarefa é muito importante e complexa e, obviamente, necessita de um tempo suficientemente longo, talvez anos, e da participação da comunidade eclesial.

Afinal, trata-se de um processo delicado e exigente, durante o qual é indispensável assimilar paulatinamente, pelo conhecimento cognitivo, mas especialmente vivencial, o próprio Filho de Deus, Jesus Cristo, e o modo de viver com ele, nele, por ele, para Deus-Pai, no impulso amoroso do Espírito Santo. Este processo catequético é realizado com

1 O RICA denomina de "Introdutor" um representante da Igreja que, apoiado plenamente pela Comunidade Eclesial, se encarrega do tempo dedicado ao Kerigma. Infelizmente, esse termo em português é realmente pobre para designar o que se quer para expressar a missão de *Kerux*

a ajuda simultânea dos "Catequistas", dos próprios catecúmenos, da Comunidade eclesial e, de modo especial, da ação do Espírito Santo. Mas requer, também, a assimilação e a vivência do que vem de Jesus, seus ensinamentos, sua mensagem, sua missão e, ainda, a inserção dos catecúmenos na dinâmica da Comunidade eclesial e, particularmente, na missão que ela recebeu de Jesus. Isso inclui, por exemplo, tornar vida neles a riqueza que a Bíblia oferece, utilizar sabiamente as mediações para alimentar-lhes a relação filial com Deus e fraternal com as pessoas e com a natureza...

Mas à medida que eu ia reestudando, de 2001 em diante, a imensa riqueza do Itinerário Catecumenal, tive várias perguntas, questionamentos e, também, surgiram sugestões. Tantas novidades, mas tão antigas, mexeram e ainda mexem comigo, com minha vocação e missão de catequista, com o que ensinara e com o que escrevera. Apareceu fortemente a convicção, já de muitos anos, de que não dá mais para continuar a realizar a catequese que pressupõe que os catequizandos já optaram realmente por Jesus Cristo. Aliás, percebi que a catequese, se for realmente catequese, é, por si mesma, evangelizadora, isto é, ela permanentemente nos desafia e desafia os catequizandos ao sim pleno a Jesus Cristo e ao mundo novo que dele vem.

Vejo, com mais clareza, a necessidade de superar o tradicional estilo escolar, ainda em uso na catequese e, consequentemente, criar e animar com os próprios catequizandos uma comunidade de fé, esperança, amor, oração, opção pelos mais necessitados e pela salvaguarda do planeta Terra; que, nesta comunidade, eles sejam sujeitos de sua própria caminhada de discípulos missionários dele, membros ativos e comprometidos da Igreja e engajados na transformação das pessoas e da sociedade segundo os valores do Evangelho.

É esta a tarefa principal do tempo *Catecumenato propriamente dito*. Aqueles que vivenciaram bem o *Kerigma* e optaram por Jesus Cristo são convidados e vivenciarem esse riquíssimo tempo do aprofundamento no conhecimento de Jesus Cristo e do que dele vem. Mas, conhecimento aqui compreendido no sentido bíblico de experiência vital que, portanto, dá um novo conteúdo e significado ao conhecimento mais em uso, aquele no sentido greco-romano, que prioriza o intelecto. Aqueles que desejam tornar-se cristãos, discípulos missionários de Jesus Cristo, expressam, então, a intenção e o desejo de dar os passos necessários em vista dos "Sacramentos da Iniciação Cristã" (Batismo, Confirmação e Eucaristia) e de aprender a viver, de modo generoso e coerente, no dia a dia, a vida cristã, isto é, de serem iniciados à vida cristã (cf. *DGC* 88-91; *DNC* 14 f, 48).

A catequese ministrada nesse tempo se preocupará com a oração cristã, o ano litúrgico e a celebração da Palavra, a fim de que os iniciantes não só ampliem seus conhecimentos sobre a mensagem cristã, mas possam traduzir na vida os mistérios do Senhor. O RICA não determina a duração desse período e afirma que compete ao bispo determinar-lhe a duração e a disciplina. Mas o Catecumenato, *de per se*, não se restringe a uma transmissão de conteúdos doutrinais ou da Palavra de Deus, mas visa a acentuar e possibilitar ao catecúmeno a assimilação de tudo o que aprendeu e vivenciou a fim de suscitar-lhe atitudes de vida compatíveis com as propostas de Jesus e do seu Evangelho.

O longo e rico tempo do Catecumenato ou Catequese, que visa ajudar o catecúmeno a consolidar sua conversão e amadurecer em sua opção de fé, implica uma adequada formação para o todo da vida cristã. É que viver em Cristo, por Cristo e com Cristo, no amor do Espírito Santo, para a glória do Pai, junto com a mudança íntima, a comunhão com a Santíssima Trindade, requer viver na prática os valores e costumes evangélicos. Foi quando me lembrei que, já em 1983, havia lido o Documento 26 da CNBB, *Catequese Renovada, Orientações e Conteúdo,*[2] nos parágrafos 110 a 117. Ali, de modo muito feliz, está o que os bispos brasileiros, ecoando tanto a *Evangelii Nuntiandi*, do Papa Paulo VI, como o *Documento Medellín*, do CELAM,[3] denominaram de "princípio de interação ou interpelação fé-vida!". Não há como não retomá-lo aqui, pois é uma das principais chaves para a compreensão da tarefa principal, no itinerário catecumental, do tempo dedicado à Catequese ou Catecumenato propriamente dito.

> *Por tudo o que vimos anteriormente, na Catequese realiza-se uma inter-ação (=um relacionamento mútuo e eficaz) entre a experiência de vida e a formulação da fé, entre a vivência atual e o dado da Tradição. De um lado a experiência da vida levanta perguntas, de outro, a formulação da fé busca e explicitação das respostas a essas perguntas. De um lado, a fé propõe a mensagem de Deus e convida a uma comunhão com ele, que ultrapassa a busca e as expectativas humanas; de outro, a experiência humana é questionada e estimulada a abrir-se para esse horizonte mais amplo."* (CNBB, Doc 26,113).

2 CNBB. *Catequese Renovada, Orientações e Conteúdo.* Documento 26. Paulinas Edições, São Paulo, SO, 1983,

3 PAULO VI, Papa. *Evangelii Nunciandi – A evangelização no mundo contemporâneo,* parágrafo 29, São Paulo: Paulinas, SP, 1976; CELAM (Conselho Episcopal Latino-americano). *Documento de Medellín: "A Igreja na atual transformação da América Latina à luz do Concílio Vaticano II", cf. Catequese, 61,* São Paulo: Paulus, SP, 1968.

O tempo do Catecumenato ou Catequese inclui também, periodicamente, algumas Celebrações da Palavra. Elas, segundo o RICA, têm como finalidade ajudar a gravar nos corações dos catecúmenos o ensinamento recebido quanto aos mistérios de Deus e a maneira de viver que daí decorre, como o ensinamento proposto pelo Novo Testamento sobre o perdão das injustiças e injúrias, o sentido do pecado e da conversão, os deveres do cristão no mundo. Visa, ainda, possibilitar-lhes o aprendizado das formas e dos caminhos da oração, assim como da participação proveitosa na Liturgia da Comunidade.

Além da proclamação e meditação da Palavra, as celebrações comportam, conforme a ocasião, ritos específicos, como os exorcismos para pedir a Deus afastar das pessoas o mal, o erro, o pecado; a unção com óleo sagrado; a entrega do Símbolo Apostólico (o Creio em Deus Pai), a entrega da Oração do Senhor (O Pai Nosso), e entrega do Santo Evangelho; a Bênção dos catecúmenos e da Assembleia Litúrgica.[4]

4 CONGREGAÇÃO PARA O CULTO DIVINO. *Ritual de Iniciação de adultos – RICA*, pp 45-61. São Paulo: Paulus, SP, 2001.

CAPÍTULO 6

# Viver o Mistério Pascal

Os que seguem o caminho da Iniciação Cristã em vista dos Sacramentos da Iniciação Cristã, no final do tempo dedicado ao *Catecumenato propriamente dito ou Catequese*, fazem sua autoavaliação, para confrontar a vida com o que foi aprendido e vivenciado até ali. E, também, são avaliados pelos que os prepararam e acompanharam.[1] Os considerados aptos para continuar a Iniciação Cristã são autorizados a participar da Celebração da Palavra, no Primeiro Domingo da Quaresma, que deve incluir alguns ritos de passagem adequados.[2]

E uma das novidades que me chamou a atenção, no reestudo que fiz do Itinerário Catecumenal, a partir de 2001, foi exatamente a intrínseca conexão entre *Quaresma, Páscoa* e o *tempo catecumental "Purificação e Iluminação"*, vivenciado ao longo dos 40 dias, em preparação à Páscoa da Ressureição de Jesus.

Ao longo da Quaresma, rica em experiência, vivenciada tanto no sentido de *Purificação*

1 Cf. RICA, página 63, parágrafo 137.

2 Cf. RICA, páginas 64 a 69, parágrafos 140 a 151.

como de *Iluminação,* ocorrem celebrações (Etapas), que significam subida, em direção à culminância do processo, no Tríduo Santo e na noite de Páscoa. A primeira Celebração, no Primeiro Domingo da Quaresma, é para *a inscrição* dos que foram avaliados e considerados aptos (escolhidos, "eleitos") para o tempo *Purificação e Iluminação*. As outras Celebrações são realizadas no terceiro, quarto e quinto domingo da quaresma e, também, no Sábado Santo durante o dia. A finalidade delas é realizar "escrutínios" e "entregas", como comentaremos a seguir.

A finalidade dos "escrutínios" (que envolvem exame de consciência, reconhecimento da fragilidade humana, dos erros, dos pecados, mas ao mesmo tempo renunciar ao mal, reconhecer e acolher a misericórdia infinita de Deus) é *purificar* os espíritos e os corações, fortalecer o indivíduo contra as tentações, orientar os propósitos e estimular as vontades, para que os "eleitos" se unam mais estreitamente a Cristo e reavivam seu desejo de amar a Deus e amar o próximo, fazer a santa vontade de Deus sempre.[3] Um segundo momento desse tempo é dedicado à *Iluminação,* que se explicita de modo especial pela Iniciação aos Sacramentos e introdução ao Mistério Pascal.

As denominadas "entregas" (da Palavra de Deus, do Pai Nosso, do Símbolo Apostólico) têm seu momento forte no decorrer do dia do Sábado Santo, quando acontece uma Celebração, como que concluindo o tempo de *Purificação e Iluminação* e, ao mesmo tempo, realizando a preparação imediata para a noite de Páscoa. Após os ritos iniciais, realiza-se a Celebração da Palavra, que inclui a proclamação da fé por meio do "Símbolo Apostólico", isto é, o Creio em

3 Cf. RICA, página 69, parágrafos 152 a 159.

Deus Pai e, também, os ritos do "Éfeta", da "escolha do nome cristão" e da "unção crismal".

Para o "Éfeta" proclama-se o Evangelho segundo São Marcos (Mc 7,31-37), que narra a cura, por Jesus, de um surdo que falava com muita dificuldade. O gesto de tocar os ouvidos e a língua daquele homem foi acompanhado da palavra "*éfeta*", isto é "abra-te". O presidente da celebração, faz o mesmo com os catecúmenos ou eleitos, dizendo-lhes: *éfeta, isto é, abre-te a fim de proclamares o que ouviste para louvor e glória de Deus!* É o mandado para ser anunciador da Palavra. Para a escolha do nome cristão, proclama-se uma leitura bíblica adequada e o texto do Evangelho segundo São João (Jo 1,40-42), no qual Jesus troca o nome de "Simão" para "Kephas", isto é, Pedro. Em seguida, o Presidente da Celebração proclama o nome cristão de cada um dos eleitos e realiza o rito da "Unção", com o óleo crismal:[4]

> *Concedei, Senhor, a estes catecúmenos, por meio deste óleo de oliva, a força, a sabedoria e as virtudes divinas, para que sigam o Caminho do Evangelho de Jesus, tornem-se generosos no serviço do Reino, dignos da adoção filial e alegrem-se por terem renascido e viverem em vossa Igreja.*

Desculpem-me, mas preciso dizer algo sobre a Iniciação aos Sacramentos, como acima vimos no tempo *Purificação e Iluminação*. Pode ser que eu esteja equivocado, mas a maioria de nós, católicos, e especialmente os envolvidos na Cate-

---

4 Recordemos aqui a importância histórica da Unção com Óleo (cf. Is 61,1-2) na tradição religiosa de Israel e a qual Jesus alude, em Lc 4, 18-21... "O Espírito do Senhor está sobre mim, porque ele me consagrou com a unção para anunciar a Boa-Nova aos pobres. Ele me enviou para proclamar liberdade aos presos e aos cegos recuperação da vista, para libertar os oprimidos e proclamar o ano da graça do Senhor" (...) E, então, Jesus começou a dizer-lhes: *Hoje se cumpriu essa passagem da Escritura que vocês acabam de ouvir.*

quese e na Liturgia, precisamos descobrir ou redescobrir a extraordinária riqueza dos Sacramentos.[5]

Um exemplo: em geral, em nossa Igreja estar batizado foi e é um mero ato formal, social e tradicional e não implica nada na vivência do seu significado profundo e transformador, pessoal e socialmente. E isso a tal ponto que quem pratica, mesmo exteriormente, algum compromisso na Igreja e na sociedade é considerado e se considera "católico praticante", porque absurdamente existem os "católicos não praticantes". E a realidade tem mostrado a quantidade de católicos que, ao optarem por alguma denominação cristã não católica, depois de um processo kerigmático, comunicam com alegria e orgulho que finalmente encontraram Jesus Cristo, a Bíblia, a Comunidade de Jesus, a fé. E que, quando católicos, nada sentiam, nada viviam e estavam longe da Palavra de Deus, afogados em devoções e rezas, que até mesmo desviavam de Deus, levavam à idolatria...

Ora, é urgente superar essa tradição secular de sacramentalização sem evangelização, que é uma incompleta interpretação prática do ensinamento teológico católico "*ex*

---

5 Etimologicamente, a palavra Sacramento provém do latim "*sacramentum*", que deriva do verbo latino "*sacrare*" (tornar santo) com o sufixo "*mentum*" (instrumenta, meio para...", portanto, Sacramento como instrumento, meio para tornar santo. Foi um esforço para encontrar um termo latino para traduzir a palavra grega "*mysterion*" (um segredo que só pode ser obtido mediante revelação e que causa encantamento, maravilhamento). Cf. ACEVEDO, Oscar Adolfo, em Concepción de Sacramento en el contexto actual. https://www.academia.edu/6322459/CONCEPCI%C3%93N_DE_SACRAMENTO_EN_EL_CONTEXTO_ACTUAL_SACRAMENTOS?email_work_card=thumbnail; "*Múein*", em grego é a exclamação espontânea diante de algo que impacta e leva à admiração ou ao horror. Esse termo está na base de *Mysterión*, mas também de *Mystica* (situação permanente de intimidade com Deus que coloca a pessoa em estado constante de encantamento e de impulso para aprofundar ainda mais essa intimidade e a doação de si no amor).

*opere operato*", isto é, que o Sacramento funciona, atua na vida do fiel por si mesmo, por sua própria força, pela iniciativa única de Deus, independentemente da atitude de quem o administra e de quem o recebe. E, também, o ensinamento contrário, que afirma que a eficácia dos sacramentos depende da atitude de quem o administra (por exemplo, o sacerdote) e de quem o recebe, o que é expresso pela fórmula latina "*ex opere operantes*". Ocorre, porém, que é um erro polarizar ou isto ou aquilo. A força sacramental, dom gratuito de Deus, requer sim a participação de quem a recebe. E Santo Agostinho (354 a 430 D.C) já ensinava que o Deus que nos criou sem a nossa participação não nos salva sem o nosso sim.[6]

Outra situação grave, nem sempre levada em conta, são a união intrínseca e a interdependência dos Sacramentos da Iniciação, pois atendem a três necessidades básicas: banhar (estar limpo), ungir (perfumado) e alimentar (fortalecido). E, também, a relação intrínseca dos Sacramentos com o mistério pascal, de "passagem" (pesach-páscoa), da morte para a vida, e vida nova em Cristo Jesus, do pecado para a graça, do egoísmo para a comunhão e comunhão com a Santíssima Trindade, que consagra, congrega, ensina e envia em missão.[7]

Para São Paulo, em sua Carta aos Romanos (Rm 6,4), o Batismo precisa ser refletido, orado e assimilado no con-

---

6 AGOSTINHO DE HIPONA. AGOSTINHO. *Confissões*. São Paulo: Paulus, SP, 1973.

7 BENTO XVI, em seu texto *Para a Quaresma de 2011 – Mensagem do Papa* – Vaticano, 04/11/2010, escreveu: *A Igreja associa a Vigília Pascal à celebração do Batismo: neste Sacramento realiza-se aquele grande mistério pelo qual o homem morre para o pecado, é tornado partícipe da vida nova em Cristo Ressuscitado e recebe o mesmo Espírito de Deus que ressuscitou Jesus dos mortos.*

texto da Paixão, Morte e Ressurreição de Jesus. Fomos sepultados com Jesus na sua morte por meio do batismo, para que, assim como Cristo ressuscitou dos mortos pela glória do Pai, assim também andemos nós em novidade de vida. Porque, se fomos unidos com ele na semelhança da sua morte, certamente o seremos também na semelhança da sua ressurreição (cf. Rm 6,4; Cl 2,12).

Além de ser o Sacramento Fontal, sem o qual os demais Sacramentos não têm sustentação, o Batismo é essencial para a referida "novidade de vida" a que Paulo se refere. A Trindade Santíssima nos consagra (*cum-sacrare*-tornar sagrado, santo, e *cum-secrare*-tornar separado e exclusivo para Deus, segundo o que o próprio Deus pede "Sede santos porque eu, o vosso Deus, sou santo" [cf. Lv 20,7]). No Batismo somos ungidos, com o óleo crismal, recebemos o sopro vital (*ruach-spiritus*). Tudo isso para sermos criaturas novas, para sermos *profetas* (anunciadores de Deus, denunciadores do que não está conforme Deus), *sacerdotes* (chamados a celebrar as maravilhas do Senhor, num culto permanente de ação de graças) e *reis* (corresponsáveis com Deus em tudo, colaboradores em sua obra salvífica).[8]

8 Cf. 1Pd 2,4-10; Ap 1,6-8

Capítulo 7

# Ser discípulo missionário

Bendigo a Deus que me concedeu a graça de avançar, de modo significativo, no conhecimento e vivência do mistério pascal. Isso se deu, ao longo de minha vida, nos estudos bíblicos e teológicos, no serviço catequético, em retiros, na tentativa de sistematização durante o reestudo do Catecumenato e quando elaborei artigos e livros sobre a Páscoa. Firmou-se em mim a convicção de que é o ingresso existencial no mistério pascal de Cristo que provoca e impulsiona, em cada pessoa, a construção da sua identidade cristã, do seu pertencimento à Santíssima Trindade, da sua inserção na Comunidade Eclesial e do seu envio para a missão de evangelizar e transformar o mundo segundo o Evangelho.

Meu zelo apostólico me tem levado a insistir na necessidade, em nossa Igreja, de uma séria retomada do estudo (mas no sentido bíblico de buscar o conhecimento existencial, vivencial), da Páscoa. Ainda não conseguimos dar, efetivamente, o devido lugar à Páscoa, no Ano Litúrgico, mas acima de tudo, na vida. Nosso dia a dia está bem distante da espiritualidade pascal, do sermos, no mundo, sacramentos vivos do Ressuscitado.

Aqui, a catequese de inspiração catecumenal tem um campo vastíssimo e fundamental de ação. Precisamos ultrapassar a referência à Pascoa de Jesus apenas como um fato do passado, pois quando a celebramos, temos a graça de estarmos presentes naquele acontecimento salvífico tão especial e, ao mesmo tempo, aquele acontecimento se realiza no nosso hoje, no meio do povo congregado pela fé. Ultrapassar, também, o formalismo ritual da "Renovação das Promessas do Batismo" na Vigília Pascal. Tais "Promessas", sem o revigoramento da espiritualidade da "Consagração batismal", ficam truncadas, esvaziadas.

É preciso revigorar o nosso mergulho no mistério da paixão, morte, ressurreição e glorificação de Jesus Cristo, que nos leva ao Pai e, com ele, nos doa o Espírito Santo. É preciso revigorar o sentido de Páscoa (*pesach*) como libertação, caminhada, aprendizado constante, busca da terra prometida, conversão, revigoramento. E Páscoa, também, como consagração, unção e envio. Deus não precisa de nós, mas conta com nosso sim para realizar seu Plano Salvífico, com Cristo, em Cristo, por Cristo, no impulso do Espírito Santificador.

E esse enfoque muito especial de Páscoa, cada vez mais esquecido, é exatamente o da libertação, sem o qual "*Pesach*" (Páscoa), tanto no judaísmo como no cristianismo, não acontece. Isso significa que não basta não pecar, e se pecar, se arrepender, confessar e voltar a viver em Deus. O mais importante, como o explicitam os evangelhos, é, como foi para Jesus, fazer a vontade do Pai. E, das várias maneiras, pelas quais Jesus cumpriu a vontade do Pai, ele mesmo priorizou o atendimento concreto às necessidades básicas do ser humano e a fraternidade. Tudo o mais está condicionado a estas duas opções fundamentais.

Em Mt 25,31-46 são e serão acolhidos no Reino do Pai, os que atenderam Jesus na pessoa do mais necessitado: *eu estava com fome, sede, doente, preso, sem roupa e sem onde morar e vocês me socorreram! Todas as vezes que isso fizeram ao menor dos meus irmãos, foi a mim que vocês o fizeram*. E aos que nada disso fizeram, ele dirá que escolheram a condenação eterna. Portanto, não há como ser discípulo missionário de Jesus Cristo sem a opção preferencial pelos necessitados, mas com gestos concretos. Não se limitar ao assistencialismo, pois obviamente é preciso chegar à organização social, política, religiosa, cultural e econômica da sociedade, em função dos mais necessitados.

Outra opção de Jesus, na sua busca de fazer a vontade do Pai é, segundo o evangelista João, o amor fraterno. Aliás, Jesus o colocou como seu mandamento e como identidade dos que o seguem, os seus discípulos missionários:

> *Eu vos dou um novo mandamento: amai-vos uns aos outros. Como eu vos amei, assim também vós deveis amar-vos uns aos outros. É pelo amor que tendes uns pelos outros que todos conhecerão que sois meus discípulos* (Jo 13,34-35).

É neste estilo de vida nova que os catecúmenos ou eleitos são introduzidos na celebração da Vigília Pascal. E, cada vez que, na Missa, ouvirem a expressão "Fazei isto em memória de mim", eles entenderão que além de realizar, na Celebração, o próprio mistério pascal de Jesus, deverão ser no dia a dia entrega salvífica de si aos outros, dar a vida como Jesus deu-nos a sua. A Liturgia, ao mesmo tempo que edifica os membros da Igreja até a medida da plenitude de Cristo, robustece de modo admirável as suas energias para anunciar Jesus Cristo e mostrar a Igreja como sinal erguido entre as nações, para reunir os filhos de Deus dispersos, até que haja um só rebanho e um só pastor.[1]

Após a Liturgia da Palavra e a Homilia, o Presidente da Celebração acolhe os eleitos, apresentados a ele e à Assembleia Litúrgica. Esses, com os padrinhos e madrinhas, se aproximam da fonte batismal e participam da Oração da Assembleia por eles. Pela Ladainha de todos os Santos, invocam-se, para esse momento solene, a presença e a ação da Igreja triunfante: os santos e santas são recordados como referências de santidade para os catecúmenos. A oração conclusiva é a invocação ao Espírito Santo sobre os que vão ser batizados e passam a ser, por Jesus Cristo, nele e com ele, os filhos e filhas adotivos do Pai.

Em seguida, é realizada a bênção da água batismal, com uma oração rica em referências bíblicas e, de modo especial, ao batismo do próprio Jesus e ao mandado dele a seus seguidores para irem pelo mundo anunciar o Evangelho e batizar em nome do Pai e do Filho e do Espírito Santo. Depois, os catecúmenos são convidados a expressar em voz alta sua *renúncia* ao mal, ao pecado, à desunião e, sobretudo, ao demônio, mas também a *proclamar sua fé* em Deus Pai, em Jesus Cristo, no Espírito Santo, na Igreja, na Comunhão dos Santos, na remissão dos pecados, na ressurreição dos mortos e na vida eterna.

O momento do Batismo, reveste-se de especial solenidade. Afinal, é a "*pesach*" a passagem, o mergulho na água, isto é, a inserção pessoal na morte de Jesus, para se purificar

1 VATICANO II, *Sacrosanctum Concilium*, 2, em "Compêndio do Concílio Vaticano II". Petrópolis: Vozes, 1968

e renascer, em vida nova, com ele, o Ressuscitado. O RICA explica as formas de batismo, realizado sempre por três vezes (por mergulho do corpo inteiro ou apenas da cabeça, colocação da água na cabeça de modo que escorra simbolizando o lavar, purificar). Os padrinhos e madrinhas colocam a mão no ombro do respectivo afilhado e ajudam a enxugá-lo.

Seguem-se os denominados Ritos complementares: a *unção com óleo crismal*, se os catecúmenos, após o Batismo, não receberem o Sacramento da Confirmação ou Crisma; *a veste batismal*, símbolo da vida nova que passam a viver para sempre; *a entrega da luz*, pelos padrinhos e madrinhas. A vela é acesa no Círio Pascal, símbolo de Jesus Ressuscitado e passada ao afilhado ou afilhada. Quem preside reza: *Deus tornou vocês luz em Cristo. Caminhem sempre como filhos da Luz, para que, perseverantes na fé, possam ir ao encontro do Senhor com todos os Santos.*

Outro momento muito especial é o do Sacramento da Confirmação, logo em seguida ao Batismo. Ele pode ser conferido aos recém-batizados (neófitos) pelo bispo ou presbítero, que estiver presidindo a Celebração da Vigília Pascal, se autorizado pelo bispo. A conexão entre os dois Sacramentos é evidente; aliás, no começo do cristianismo ambos constituíam um só e mesmo Sacramento. O Presidente da Celebração informa o sentido da Confirmação. Resumidamente, diz que, pelo batismo, os neófitos se tornaram membros de Cristo e de seu povo sacerdotal, e que agora vão receber o Espírito Santo, que os configurará a Cristo e os fortalecerá para darem testemunho dele, como membros ativos da Igreja. Procede-se a oração de invocação ao Espírito Santo e ao ato da unção crismal. A celebração é concluída com a Renovação das Promessas do Batismo por toda a Assembleia Litúrgica, em pé e com a vela acesa nas mãos. Em seguida acontece a aspersão de todos com a água batismal. O povo persigna-se ao receber a aspersão e participa de um canto adequado ao momento.

A celebração eucarística é organizada de modo a que os recém-batizados participem da Oração dos Fiéis, da Apresentação das Oferendas, sejam citados e, também, os padrinhos e madrinhas, em alguns momentos da Oração Eucarística. Antes da comunhão eucarística, eles são, uma vez mais, relembrados sobre a importância do mistério eucarístico, ápice da Iniciação Cristã e centro de toda a vida cristã. O RICA recomenda que todos os participantes daquela especial Vigília Pascal, recebam a Eucaristia, sob as duas espécies, mas após a vez dos recém-batizados, seus catequistas e seus respectivos pais, cônjuges, padrinhos e madrinhas. Depois da bênção final solene, os novos membros da Igreja recebem seus Certificados, são saudados pela Assembleia Litúrgica e fraternalmente cumprimentados por todos...

CAPÍTULO 8

# Adentrar-se no segredo de Deus

À luz do que vimos, certamente a nossa participação pessoal e comunitária na Solenidade da Vigília Pascal, todos os anos e, aliás, em todas as celebrações litúrgicas, requer um espírito de novidade que nos é facilitado pelo princípio bíblico teológico do memorial ou memória, desenvolvido por um dos maiores liturgistas do século XX, Odo Casel (27/09/1886-28/03/1948)[1] e enriquecido por outros importantes teólogos.[2] Na celebra-

1 Cf. http://liturgicalleaders.blogspot.com/2011/10/odo-casel-osb.html. E o ensinamento de Odo Casal teve eco na Constituição *Sacrosanctum Concilium* (sobre a Liturgia) quando ela explicita que a Liturgia não é apenas uma ação dos ordenados que a presidem, mas de todos, ali congregados, que a celebram. Reconhece que Cristo está presente em cada ato litúrgico como pessoa viva, presente e atuante em seu povo e não apenas, no caso da Eucaristia, no pão e vinho consagrados. Conferir também, NEUNHEUSER, Burckhard: *Memorial*, em Dicionário de Liturgia, São Paulo: Paulus, SP, 1992

2 SESBOUÉ, Bernard. *Pensar e a viver a fé no Terceiro Milênio: Sacramentos credíveis e desejáveis*. Coimbra: Gráfica Coimbra, 2009. Ele escreveu, à p. 35 *Os sacramentos da Igreja são a transposição, sob uma forma institucional, dos atos realizados por Jesus [...] Os sete sacramentos constituem um organismo estruturado que resume em si a totalidade daquilo que Jesus viveu e realizou.*

ção litúrgica, a nossa fé nos leva e faz viver a realidade do mistério salvífico quando aconteceu na história e, ao mesmo tempo, nos traz esse acontecimento hoje, que o estamos celebrando. O ato salvífico, portanto, é perene, atual. Johannes Betz afirma que

> *Como a antiga páscoa judaica, também a nova páscoa, a instituída por Jesus Cristo, não é apenas lembrança, memória subjetiva dos que a celebram, mas atualização cultual objetiva da realidade salvífica escatológica.*[3]

A Constituição conciliar *Sacrosanctum Concilium* (sobre a Liturgia) explicita que a Liturgia não é apenas uma ação dos ordenados que a presidem, mas de todos, ali congregados, que a celebram; reconhece que Cristo, pessoa viva, presente e atuante está em cada ato litúrgico como em seu povo, na pessoa de quem preside, no perdão, na Palavra proclamada, meditada e aplicada à vida, e não apenas, no caso da Eucaristia, no pão e vinho consagrados.

Por esses e outros motivos, sobretudo porque os fiéis são, a partir da Consagração batismal, «raça escolhida, sacerdócio real, nação santa, povo adquirido» (1Pd 2,9), o Concílio os estimula a que sejam partícipes da celebração. Eis o que ensina a SC:

> *Para assegurar esta eficácia plena, é necessário, porém, que os fiéis celebrem a Liturgia com retidão de espírito, unam a sua mente às palavras que pronunciam, cooperem com a graça de Deus e não aconteça de a receberem em vão. Por conseguinte, devem os pastores vigiar, para que não só se observem, na ação litúrgica, as leis que regulam a celebração válida e lícita, mas*

3 BETZ, Johannes. *Eucaristia: mistério central*, na Coleção Mysterium Salutis, Volume IV/5, Petrópolis, RJ, 1977.

> *também que os fiéis participem nela consciente, ativa e frutuosamente. (SC, 11)*
>
> *Para fomentar a participação ativa, promovam-se as aclamações dos fiéis, as respostas, a salmodia, as antífonas, os cânticos, bem como as ações, gestos e atitudes corporais. Não deve deixar de observar-se, a seu tempo, um silêncio sagrado. (SC, 30 e 31)*

Mas a SC, 14, se apressa logo em afirmar:

> *Isso, porém, não acontecerá se, antes, os pastores não se imbuírem plenamente do espírito e da virtude da Liturgia e não se fizerem mestres nela; é, portanto, absolutamente necessário que se providencie, em primeiro lugar, a formação litúrgica do clero.*

E, neste sentido, urge retomar a *Sacrosanctum Concilium*, compreendê-la e aplicá-la, pois, por motivos diversos e adversos ao espírito conciliar, tão renovador, mais e mais a Liturgia tem regredido a antes do Concílio, o que vem dificultando muito a participação *consciente, ativa e frutuosa* dos fiéis e a indispensável união entre Catequese e Liturgia (cf. SC 33ss; 48; 55).

Continuemos expondo os Tempos e Etapas do Itinerário Catecumenal, que não se encerra com a solenidade da Vigília Pascal. Na verdade, ela sinaliza o início do "tempo" da *Mistagogia*. Domingos Rodriguez Zati, em sua dissertação para o Mestrado em Teologia,[4] apresenta a seguinte síntese, de Enrique Mozza, a respeito do termo Mistagogia na época dos Padres da Igreja:

> *é a catequese sobre os sacramentos, com uma particular referência à iniciação cristã e ao aprofundamento espiritual da*

4 ZATI, Domingos Rodrigues. *Amor, comunhão, solidariedade: uma abordagem mistagógica sobre o ser humano.* FAJE - Faculdade Jesuíta de Filosofia e Teologia, Belo Horizonte, MG, 2007

*explicação dos ritos litúrgicos. Ela pode indicar tanto a celebração dos sacramentos, como testemunha João Crisóstomo, como pode ser a catequese sobre os mesmos, como faz Cirilo de Jerusalém. Ainda pode expressar uma teologia fortemente espiritualizada que se nutre da experiência litúrgica, como faz Basílio de Cesaréia.*[5]

A catequese mistagógica, no tempo denominado *Mistagogia*, visa ajudar os iniciados na fé a vivenciar um aprofundamento mais completo, cognitivo, mas sobretudo existencial, dos sacramentos que foram recebidos na Solene Vigília Pascal. No exíguo tempo denominado *Purificação e Iluminação,* só foi possível uma rápida apresentação deles. Além disso, ao novo membro da Igreja é possibilitada, na prática, a convivência com os demais irmãos e irmãs; a inserção na caminhada da comunidade eclesial, na experiência da vida comunitária, fundamentada no Mandamento Novo do amor fraterno; a participação ativa da celebração dos mistérios de Cristo e da Igreja e o engajamento na missão de transformar, segundo os valores do Evangelho, a sociedade e o mundo.

Insistimos ao longo deste subsídio na concepção bíblica de conhecimento. Sabemos bem que podemos ter um conhecimento empírico, que se adquire pela vivência e experiência do dia a dia. Mas podemos ter também o conhecimento científico, no qual o intelecto capta, analisa, comprova, formula e absorve o que é encontrado. No caso do conhecimento no sentido bíblico ou da cultura israelita, a situação é bem mais complexa e ampla, pois conhecer não é apenas e sobretudo no

---

5 MAZZA, Enrico. *La mistagogia: le catechesi liturgiche della fine del quarto secolo e il loro metodo.* 2.ed. p. 10 15. CLV. Roma: Edizione Liturgiche, 1996.

aspecto intelectivo, mas compreende também o sentimento e o querer, a vida, a experiência existencial.

Confesso que fiquei impactado ao verificar o uso do verbo conhecer, em hebraico, também para expressar a relação sexual, pois uma forma de conhecer[6] acontece por meio da paixão e da ação, por meio da comunhão íntima dos corpos, com a convivência, com a construção mútua de um projeto. Conhecer gera vida nova. Eis três exemplos que ilustram muito bem o que acabamos de afirmar:

– Gn 4,1-2: *Adão conheceu Eva e ela concebeu e pariu Caim. Depois a conheceu novamente e ela pariu mais um, Abel;*

– Lc 1,31-34: O mensageiro Gabriel diz a Maria: *Eis que conceberás e darás à luz um filho, e lhe porás o nome de Jesus. (...). Maria perguntou ao anjo: "Como se fará isso, pois não conheço homem algum?"*

– Mt 1,24-25: *E José fez como o anjo do Senhor lhe ordenara, e recebeu em sua casa a sua mulher. E não a conheceu até que ela deu à luz seu filho, o primogênito, e lhe pôs o nome Jesus.*

Sabemos muito bem que a catequese implica ensino, instrução, estudo, aprofundamento, e que para isso são essenciais a razão, o intelecto, o conhecimento. Mas há uma diferença essencial em relação ao ensino de uma disciplina escolar,[7] pois a catequese requer fé, vivência, experiência,

6 *Conhecer* em hebraico é *Yada*, que foi traduzido para o grego como termo *ginoskein*. Cf. https://www.abiblia.org/ver.php?id=623; https://web.facebook.com/saosebastiaocalisto/photos/a.245510572306321/1337357109788323/?-type=3&_rdc=1&_rdr

7 De fato, durante séculos *catequese*, foi comumente reduzida a *catecismo*, ao *ensino do catecismo*, à *memorização da síntese doutrinal* transmitida pela Igreja, pressupondo sempre a vivência da fé.

oração, no sentido bíblico e litúrgico. Esse "conhecimento", assim realizado, leva à conversão, à mudança de vida, portanto, a vivências e atitudes concretas, eclesiais e sociais, que repercutem no testemunho de vida e missão.

CAPÍTULO 9

# Mistagogia. Ministério. Diaconia.

Historicamente, *Mistagoria* se refere ao último "tempo" da Iniciação Cristã. A renovação conciliar, porém, e a realidade o confirmam, este "tempo" deve ser estendido por toda a vida. Pelo fato de sermos históricos, inacabados e em contínuo aperfeiçoamento, estamos e estaremos sempre aprendendo a ser cristãos, a ser discípulos missionários de Jesus Cristo. Isso levou vários catequetas, como já aludimos anteriormente, a propor que à *Iniciação Cristã* (que culmina na recepção dos Sacramentos do Batismo, da Confirmação e da Eucaristia e inicia o nosso ser [ser="ontos", portanto, trata da imprescindível = "iniciação ontológica"] no segredo amoroso de Deus ["mysterion"], seja complementada e enriquecida com a *Iniciação à* Vida *Cristã*, enquanto se tenta vivê-la dia a dia cada vez melhor. Neste sentido, São Paulo, propõe como ideal alcançar a *maturidade* em Cristo:

> *E ele (Cristo) designou alguns para apóstolos, outros para profetas, outros para evangelistas, e outros para pastores e mestres, com o fim de pre-*

> *parar os cristãos para a obra do ministério, que constrói o corpo de Cristo, até que todos alcancemos a unidade da fé e do conhecimento do Filho de Deus, e cheguemos à maturidade, atingindo a medida da plenitude de Cristo* (Ef 4,11-13).

Ora, é evidente que essa tarefa é para a vida toda e requer que utilizemos os melhores meios possíveis, pois crescemos, desenvolvemos, amadurecemos. Se isso não acontecer, seremos humanamente adultos física, psicológica, social, intelectualmente, mas infantis na fé. E pode até ser pior, porque a tendência é que, à medida que crescemos humanamente, vamos descartando o que, em nós, resta da nossa infância, como a Iniciação Cristã que tivemos como crianças e como adolescentes para a Primeira Comunhão Eucarística e para a Confirmação, pois ela não responde mais às nossas necessidades da fase de crescimento em que estamos.

Se para tudo é cada vez mais necessária a formação continuada, quanto mais para a vida de discípulos missionários de Jesus Cristo, num mundo em permanente mudança e questionador de nossos valores e convicções. Será que em nossa Igreja não reina comodismo e falta de sensibilidade para ver como, por exemplo, é cada vez menor a presença e participação na liturgia, na comunidade eclesial e na missão no meio do mundo, tanto de crianças, como de adolescentes, jovens e adultos? Já falamos disso ao insistir sobre a necessidade da catequese renovada com adultos, como o solicitam nossos bispos, em *Catequese Renovada Orientações e Conteúdo*, no parágrafo 136.

A necessidade da *Mistagogia*, como dinâmica perene da Igreja na formação inicial e permanente dos seus membros, requer um investimento muito especial na formação e no acompanhamento dos catequistas, ministros da Palavra, ministros da educação cristã. Ser catequista é, em si, desde os tempos mais antigos do cristianismo, uma vocação e uma missão, mas também, um ministério, um serviço específico e necessário, que o Espírito Santo sempre suscita. Eis o que ensina o Papa Francisco:

> [...] *o Catequista é chamado, antes de mais nada, a exprimir a sua competência no serviço pastoral da transmissão da fé que se desenvolve nas suas diferentes etapas: desde o primeiro anúncio que introduz no querigma, passando pela instrução que torna conscientes da vida nova em Cristo e prepara de modo particular para os sacramentos da iniciação cristã, até à formação permanente que ajuda a cada batizado a estar sempre pronto «a dar a razão da sua esperança a todo aquele que lha peça» (cf. 1Pd* 3,15). *O Catequista é simultaneamente testemunha da fé, mestre e mistagogo, acompanhante e pedagogo que instrui em nome da Igreja. Uma identidade que só mediante a oração, o estudo e a participação direta na vida da comunidade é que se pode desenvolver com coerência e responsabilidade.*[1]

Esta convicção levou o Papa Francisco a reconhecer e elogiar a multidão de catequistas ao longo da história da Igreja e hoje. Ele afirma:

> [...] *Também nos nossos dias, há muitos catequistas competentes e perseverantes que estão à frente de comunidades em diferentes regiões, realizando uma missão insubstituível na transmissão e aprofundamento da fé. A longa série de Beatos, Santos e Mártires catequistas que marcou a missão da Igreja merece ser conhecida, pois constitui uma fonte fecunda não só para a catequese, mas também para toda a história da espiritualidade cristã.* [...] É digno de elogio aquele exército, *com tantos méritos na obra*

1 PAPA FRANCISCO. *Antiquum Ministerium – Carta Apostólica em forma de Motu Proprio, pela qual se institui o ministério de catequista.* Brasília: Ed, CNBB, 2021

> *das missões entre pagãos, o exército dos catequistas, homens e mulheres, que, cheios do espírito apostólico, prestam com grandes trabalhos uma ajuda singular e absolutamente necessária à expansão da fé e da Igreja* (AM, 3 e 4).

E, em coerência com o ensinamento conciliar, que evidencia a importância do compromisso dos leigos e leigas na obra da evangelização,[2] ele propõe, por meio de sua Exortação Apostólica *Antiquum Ministerium* (AM), o reconhecimento oficial do "ministério leigo de catequista", tão importante e fundamental na instrução e formação permanente dos fiéis (cf. AM, 5). E Francisco constata primeiramente que este importante ministério veio sendo exercido desde o começo do cristianismo:

> [...] *Por conseguinte é possível reconhecer, dentro da grande tradição carismática do Novo Testamento, a presença concreta de batizados que exerceram o ministério de transmitir, de forma mais orgânica, permanente e associada com as várias circunstâncias da vida, o ensinamento dos apóstolos e dos evangelistas* (cf. Conc. Ecum. Vat. II, Const. dogm. Dei Verbum, 8). *A Igreja quis reconhecer este serviço como expressão concreta do carisma pessoal, que tanto favoreceu o exercício da sua missão evangelizadora. Olhar para a vida das primeiras comunidades cristãs, que se empenharam na difusão e progresso do Evangelho, estimula também hoje a Igreja a perceber quais possam ser as novas expressões para continuarmos a permanecer fiéis à Palavra do Senhor, a fim de fazer chegar o seu Evangelho a toda a criatura* (AM, 2).

Mas, é importante recorrer aqui à origem do termo "ministério". "*Ministerium*", em latim, é a tradução da palavra grega

2 Cf. IBDEM, o número 7: *receber um ministério laical como o de Catequista imprime uma acentuação maior ao empenho missionário típico de cada um dos batizados que, no entanto, deve ser desempenhado de forma plenamente secular, sem cair em qualquer tentativa de clericalização.*

"*diakonía*", que significa "serviço". E quem está a serviço é, portanto, "diácono-ministro". Podemos destrinchar o termo em dois outros: "*munus*", em latim, significa tarefa, função, serviço; "*stare*", estar. Conclusão: ministério significa "estar a serviço", realizando uma tarefa, uma função, uma missão. Mas há outra possibilidade: "*minor*", em latim, significa "menor, pequeno" e "*stare*" é o verbo estar. Portanto, ministério é, também, "estar a serviço como o menor, o pequeno, como um servidor".

Cito aqui textualmente um parágrafo do Dicionário de Liturgia:

> *Este conceito grego (diakonia), que era considerado sinônimo de escravidão, servidão com sentido pejorativo, passa a ser o símbolo de Cristo, que é o diácono por excelência do Pai e dos homens. Aplica-se também ao apostolado tanto da Palavra (At 6,4 e 20,4) quanto da reconciliação (2Cor 5,18) e indica, em geral, o Ministério apostólico (At 1,25; Cl 1,7). Este uso do termo "serviço", que qualifica o ministério cristão, faz evitar os que, em grego, significam autoridade, poder, mandato, preferindo os termos "diakonia", Leitourgeia".*[3]

E o Papa Francisco, em AM, 8, coloca alguns critérios e exigências:

> *Convém que, ao ministério instituído de Catequista, sejam chamados homens e mulheres de fé profunda e maturidade humana, que tenham uma participação ativa na vida da comunidade cristã, sejam capazes de acolhimento, generosidade e vida de comunhão fraterna, recebam a devida formação bíblica, teológica, pastoral e pedagógica, para ser solícitos comunicadores da verdade da fé, e tenham já maturado uma prévia experiência de catequese.*

3 LODI, Enzo. *Ministério/Ministérios* em Dicionário de Liturgia, páginas, 736 a 742, item II, 1, 2. ed., São Paulo: Paulus, 1992.

CAPÍTULO 10

# Fidelidade. Espiritualidade

Neste subsídio dei muita ênfase à vocação e à missão de catequista e tentei rever o conceito e práxis de Catequese. Mas recordo-me aqui de uma palavra forte e concreta do Papa São João Paulo II aos bispos, a sua Exortação Apostólica "*Catechesi Tradendae*":

> [...] *sois, na Igreja Particular, os primeiros responsáveis pela catequese, os catequistas por excelência.* [...] *Permiti, pois, que vos fale com o coração nas mãos. Sei que tendes de lidar com um ministério episcopal cada vez mais complexo e sobrecarregado. Mil e um compromissos vos solicitam. Desde a formação de novos sacerdotes à presença ativa no meio das comunidades dos fiéis. Desde a celebração digna e vivida do culto e dos Sacramentos ao cuidado da promoção humana e da defesa dos direitos do homem.*
>
> *Pois bem: que a preocupação de promover uma catequese ativa e eficaz não ceda nada frente a qualquer outra preocupação, seja ela qual for. Tal solicitude levar-vos-á, certamente, a transmitirdes vós próprios a doutrina da vida aos fiéis. Mas*

*o mesmo cuidado há de levar-vos a assumir nas vossas Dioceses, segundo os planos da Conferência Episcopal de que fazeis parte, a superior direção da catequese, rodeando-vos de colaboradores competentes e merecedores de confiança.*

*O vosso papel principal há de ser o de suscitar e alimentar nas vossas Igrejas uma verdadeira paixão pela catequese; uma paixão, porém, que se encarne numa organização adaptada e eficaz, que empenhe na atividade pessoas, meios e instrumentos e também os recursos financeiros necessários. Podeis ter a certeza disto: se a catequese for bem feita, nas vossas Igrejas locais tudo o mais será feito com maior facilidade. Por outro lado – e nem seria necessário dizer-vos – se o vosso zelo tiver de vos impor algumas vezes a ingrata tarefa de denunciar desvios, corrigir erros, muito mais frequentemente há de proporcionar-vos a alegria e a consolação de ver as vossas Igrejas florescentes, porque a catequese aí* é *realizada como o Senhor quer.*[1]

Ao encerrar este pequeno subsídio, não consigo deixar de dizer, nos meus 84 anos de vida, que sinto uma especial alegria por tê-lo escrito e, sobretudo, gratidão. Agradeço a Deus, à Editora Santuário e a cada leitor e leitora. Mas agradeço de modo especial meus familiares, à Congregação religiosa à qual pertenço, o Instituto dos Irmãos das Escolas Cristãs. Ao longo de minha vida, fui estimulado, cobrado e favorecido por serviços que exigiram de mim conhecimentos, estudos, liderança, experiência que foram, por assim, dizer verdadeiros cursos universitários.

Enquanto escrevo, oro por todos os que tiverem acesso a este livro. E peço emprestado, mais uma vez, a São Paulo um de seus textos, o mesmo que coloquei no começo da Introdução a este subsídio:

1 JOÃO PAULO II. *Catechesi Tradendae – A Catequese Hoje*. São Paulo: Paulinas, 1979..

> *Dou graças a Deus todas as vezes que me lembro de vocês. Deus é testemunha de que eu quero bem a todos vocês com a ternura de Jesus Cristo.* (cf. Fl 1,3-8).

Ao mesmo tempo, invoco o Espírito Santo para que toda esta reflexão não pare aqui, porque a vida exige mudança permanente, como aludimos no capítulo anterior. Cito, para corroborar, este trecho de Liége Gasparim, de agosto de 2020:

> *No dicionário Aurélio, mudança é o ato ou efeito de mudar que, por sua vez, quer dizer remover, deslocar, transferir para outro local, alterar, modificar, variar, transformar, converter, sofrer alteração. Mudar envolve capacidade de compreensão e adoção de práticas que concretizem o desejo de transformação. Isto é, para que a mudança aconteça, as pessoas precisam estar sensibilizadas por ela. O processo de mudança é despertado pela vontade, que se torna projeto e, finalmente, ação.*
>
> *Perceber a dinâmica das mudanças é uma necessidade. Viver atualizado é uma questão de sobrevivência e uma maneira de visualizar melhor o futuro, já que os novos tempos exigem uma nova postura de pensamento. Existe um mundo que está acabando e outro que está começando – e as pessoas, naturalmente, costumam lidar com isso de maneira defensiva, com temor ou rejeição, na maioria das vezes. Para promover transformação é necessário ter muita coragem, força e autocrítica.*[2]

Mas estou convencido de que esse estar continuamente em transformação, em aperfeiçoamento na fé, na esperança, no amor e em nossa vocação e missão requer, evidentemen-

---

2 https://www.semprefamilia.com.br/comportamento/o-permanente-e--mudar-permanecer-na-mudanca-e-transformar/ em Gazeta do Povo, sábado, 08/04/2003-Curitiba, PR, 2023.

te, ter os pés firmes na fidelidade a Jesus Cristo, ao Evangelho, à Igreja, mas ao mesmo tempo, em nosso hoje, mudança constante, desafiante, carregada de desafios e oportunidades. Sabemos, porém, que é a *espiritualidade* que nos coloca nessa necessária sintonia e nessa necessária mudança. Viver em comunhão com o Espírito Santo e em disposição obediente a ele nos coloca continuamente na novidade permanente de Deus, sempre jovem,[3] a nos atrair irresistivelmente por seu amor, por meio do *Caminho, Verdade e Vida* (Jo 14,6-7), seu Filho e nosso Irmão Jesus Cristo.

A nossa espiritualidade é causa e fruto de uma especial intimidade pessoal com Deus, o Pai, através de seu Filho Unigênito, nosso Salvador e Irmão maior, Jesus Cristo, impulsionada, iluminada e alimentada pelo Espírito Santo, o amor circulante na Trindade Santíssima. Nossa espiritualidade é, também, causa e fruto da oração filial espontânea, livre, confiante, apoiada nas Escrituras Sagradas, nos sacramentos, na participação na vida da comunidade eclesial, no engajamento no amor libertador ao próximo, especialmente os pobres, os necessitados, e no cuidado com a nossa Casa Comum.

Vivendo assim, acontece o milagre da alegria, da dedicação amorosa, da translucidez sacramental da ternura de Deus. O simples estar junto, o olhar, o sorriso, o abraço, a atitude de servir, a proatividade diante das necessidades, contagiam e se irradiam no testemunho de vida. Afinal, estamos a serviço de uma causas maiores da fé: ajudar as pessoas a realizarem seu encontro pessoal e intransferível com Jesus Cristo e, por ele, no impulso amoroso do Espí-

3 PAPA FRANCISCO. *Deus é jovem* – uma conversa com Thomas Leoncini. São Paulo: Planeta, 2018.

rito Santo, com o Pai, colocando-se plenamente a serviço. E nossos bispos da América Latina e do Caribe expressam essa realidade testemunhal num parágrafo síntese histórico do Documento de Aparecida:[4]

> *A alegria do discípulo é antídoto frente a um mundo atemorizado pelo futuro e oprimido pela violência e pelo ódio. A alegria do discípulo não é um sentimento de bem-estar egoísta, mas uma certeza que brota da fé, que serena o coração e capacita para anunciar a boa nova do amor de Deus. Conhecer Jesus é o melhor presente que qualquer pessoa pode receber e dar; tê-lo encontrado foi o melhor que ocorreu em nossas vidas, e fazê-lo conhecido com nossa palavra e obras é nossa alegria* (DAp, 29).

Nós, catequistas, mais e mais nos convencemos de que somos canais especiais do Espírito Santo no proceso evangelizador e catequético que leva ao encontro pessoal com Jesus Cristo, no processo permanente da educação da fé, da esperança, do amor e do compromisso concreto com a transformação evangélica do mundo. Recordemos aqui, e com gratidão, e nos deixemos interpelar por estas palabras do Papa São Paulo VI em sua Exortação Apostólica pós-sinodal, de 1975, *Evangelii Nuntiandi (Sobre a Evangelização no Mundo contemporâneo)*:

> *O testemunho de uma vida autenticamente cristã é o primeiro meio de evangelização. O homem contemporâneo escuta, com melhor boa vontade, as testemunhas do que os mestres ou então se escuta os mestres, é porque eles são testemunhas* (EN, 41). *Mais do que nunca, o testemunho da vida tornou-se uma con-*

4 CELAM. *Documento de Aparecida*, texto conclusivo da V Conferência Geral do Episcopado Latino Americano e do Caribe, em maio de 2007, em Aparecida, SP, Brasil. Brasília-DF/Rio de Janeiro: Edições CNBB/Paulus/Paulinas, 2007.

> *dição essencial para a eficácia profunda da pregação. Somos, até certo ponto, responsáveis pelo avanço do Evangelho que nós proclamamos* (EN, 76).

Apesar das nossas limitações e fragilidades, Deus, em sua liberdade e em sua misericórdia infinitas, nos escolhe para fazê-lo chegar ao coração das pessoas. Somos, como os profetas, servidores do Deus-amor, servidores de sua Palavra, servidores de seu Plano Salvífico. Ele se serve de nós, de nossa palavra, de nosso amar, de nosso agir, para comunicar-se com as pessoas que ele coloca em nosso caminho. Com profunda humildade, mas ousadia profética e entrega total, recordemos o que Jesus, nos diz:

> *Quem vos escuta, a mim escuta* (Lc 10,26); *Como o Pai me enviou eu também vos envio* (Jo 20,21); *Dai gratuitamente o que gratuitamente recebestes* (Mt 10,18)

E não nos esqueçamos do que nos diz São Paulo, em 1Cor 9,16-23:

> [...] *anunciar o Evangelho, não é para mim motivo de glória, é antes uma necessidade que me foi imposta. Ai de mim se eu não evangelizar! Se o fizesse por iniciativa própria, mereceria recompensa; mas é um encargo que me foi confiado.* [...] *Fiz-me tudo para todos, para salvar alguns a qualquer custo. E tudo faço por causa do Evangelho, para dele me tornar participante.*

E, com Nossa Senhora do SIM, proclamamos, com humildade e alegria, nossa gratidão a Deus por confiar tanto em nós:

> *A minha alma proclama a grandeza do Senhor e o meu espírito se alegra em Deus, meu Salvador, porque ele olhou para a humilhação da sua serva, e fez grandes coisas em meu favor. Santo é o seu nome! A sua misericórdia, de geração em geração, chega*

*a todos que o amam. Doravante todas as gerações me felicitarão porque Ele realizou grandes obras em meu favor: santo é seu nome! A sua misericórdia chega, de geração em geração, aos que o amam. Ele faz justiça com seu braço: dispersa os soberbos de coração, derruba dos tronos os poderosos, exalta os humildes, enche de coisas boas os famintos, despede os ricos de mãos vazias. Ele socorre Israel, seu servo, lembrando-se, como dissera aos nossos antepassados, da sua misericórdia para com Abraão e seus descendentes para sempre.*

E que, portanto, a nossa vida e a nossa missão sejam um permanente hino de ação de graças:

*Glória ao Pai e ao Filho e ao Espírito Santo. Como era no princípio, agora e sempre, amém!*

# Referências bibliográficas

## Documentos da Igreja

VATICANO. *Compêndio do Concílio Vaticano II:* Constituições, decretos e declarações. Petrópolis: Vozes, 1968.

VATICANO. *Ritual da Iniciação de Adultos* (1972). São Paulo: Paulus, 2001.

VATICANO. *Diretório Catequético Geral* (1971). São Paulo: Paulinas, 1973.

VATICANO. *Catecismo da Igreja Católica.* São Paulo: Paulinas, 1993.

VATICANO. *Diretório Geral para a Catequese.* São Paulo: Paulinas, 1998.

VATICANO. *Diretório para a Catequese.* Brasília: Ed. CNBB, 2021.

CELAM. *A Igreja na atual transformação da América Latina à luz do Concílio Vaticano II – Documento de Medellín,* Bogotá, Colômbia, 1968; *Evangelização no presente e no futuro da América Latina* – Documento de Puebla, Bogotá, 1979; *Discípulos e Missionários de Jesus Cristo a serviço da vida.*

*Documento de Aparecida*. Brasília: Ed. CNBB, 2007.

CELAM. *Nova evangelização, promoção humana e cultura cristã – Jesus Cristo, ontem, hoje e sempre*, Documento de Santo Domingo, Bogotá, 1992.

CELAM. *A alegria de Iniciar Discípulos Missionários na Mudança de Época*. Bogotá, 2015. Brasília: Ed. CNBB, 2016,

CNBB. *Catequese Renovada, Orientações e Conteúdo*. Documentos da CNBB, 26. Ed. São Paulo: Paulinas, 1983.

CNBB. *Diretório Nacional de Catequese*, Doc. da CNBB, 84. Brasília: Ed. CNBB, 2006.

CNBB. *Iniciação à Vida Cristã - um Processo de Inspiração Catecumenal* – Col. Estudos da CNBB, 97. São Paulo: Paulus, 2009.

CNBB. *Itinerário Catequético de Iniciação à Vida Cristã* - um Processo de Inspiração Catecumenal. Brasília: Ed. CNBB, 2014

CNBB. *Iniciação à Vida Cristã:* itinerário para formar discípulos missionários - Documentos da CNBB, 107. Brasília: Ed. CNBB, 2017.

CNBB. *O itinerário da fé na iniciação cristã de adultos*. Col. Estudos da CNBB, 82. São Paulo: Paulus, 2021.

## Cartas, exortações, mensagens e discursos papais

PAULO VI, Papa. *Evangelii Nuntiandi – A evangelização no mundo contemporâneo*. Exortação Apostólica. São Paulo: Paulinas, 1976. Col. Voz do Papa , n. 85.

BENTO XVI, Papa. *Para a Quaresma de 2011 – Mensagem do Papa* – Vaticano, 04/11/2010.

JOÃO PAULO II, Papa. *Catechesi Tradendae – A Catequese hoje.* São Paulo: Paulus.

FRANCISCO, Papa. *Evangelii Gaudium, a alegria do Evangelho – o anúncio do Evangelho no mundo atual* – Exortação Apostólica. São Paulo: Paulinas, 2013.

FRANCISCO, Papa. *Antiquum Ministerium – Carta Apostólica em forma de Motu Proprio, pela qual se institui o Ministério de Catequista* – Col. Documentos Pontifícios, 211. São Paulo: Paulinas, 2021.

FRANCISCO, Papa. *Discurso aos participantes no Congresso Internacional de Catequistas,* Sala Paulo, VI, Vaticano, 2022.

## Obras consultadas

ALMEIDA, A. J. de. *Abc da iniciação cristã.* São Paulo: Paulinas, 2013.

ACEVEDO, Oscar Adolfo, em Concepción de Sacramento en el contexto actual.

https://www.academia.edu/6322459/CONCEPCI%C3%93N_DE_SACRAMENTO_EN_EL_CONTEXTO_ACTUAL_SACRAMENTOS?email_work_card=thumbnail;

CARVALHO, Humberto Robson de: *Espiritualidade do Catequista.* São Paulo: Paulus, 2022.

CARVALHO, Humberto Robson de; BARBOSA, Maria Aparecida; RODRIGUES, Cristiano Aparecido; ARAÚJO, Jair Marques: *Catequistas, vocação, ministério e missão* São Paulo: Paulus, 2019.

GEVAERT, Joseph: *O primeiro anúncio: finalidade, destinatário, conteúdo, modalidade de presença* São Paulo: Paulinas, 2009.

JUNGMANN, Joseph: *Catequética*. São Paulo: Herder, 1966.

JUSTO, Henrique: *La Salle, Patrono do Magistério – vida, escritos, inovações pedagógicas*. Porto Alegre: Salles, 2003.

LODI, Enzo: *Ministério/Ministérios* em Dicionário de Liturgia. 2. ed. São Paulo: Paulus, 1992.

MAZZA, Enrico. *La mistagogia: le catechesi liturgiche della fine del quarto secolo e il loro metodo*. 2.ed. p. 10 15. Roma: CLV – Edizione Liturgiche, 1996.

NERY, Israel José: *Catequese com Adultos e Catecumenato, História e Proposta*. São Paulo: Paulus, 2019.

NERY, Israel José. *Misericórdia:* essência da vida cristã. São Paulo: Paulinas, SP, 2016.

LIMA, Luís Alves de: *A Iniciação Cristã ontem e hoje*. Disponível em: http://www. cnbb.org.br/site/component/docman/doc_view/175.

SESBOUÉ, Bernard. *Pensar e a viver a fé no Terceiro Milênio: Sacramentos credíveis e desejáveis*. Coimbra: Gráfica Coimbra, 2009.

SLVA, B. Áthila N. Iniciação à Vida Cristã segundo o Documento de Estudos da CNBB n. 97. *Revista Eclesiástica Brasileira*, Petrópilis, Vozes, v. 71, n. 282, p. 473–481, 2011. Disponível em: https://doi.org/10.29386/reb.v71i282.1045.

SILVA, Denilson Mariano da. Mudar o foco: uma urgência para o processo de iniciação à vida cristã. VII Colóquio de Teologia e Pastoral, Caminhos da Pastoral, hoje. *Anais* [...]. FAJE. Belo Horizonte, MG, 2019.

VVAA. *Revista de Catequese,* UNISAL, Unidade São Paulo, Campus Pio XI, Alto da Lapa, São Paulo, SP.

VVAA. *Dicionário de Catequética.* São Paulo: Paulus, 2004.